WV plus

11

Schwerpunkt Wirtschaft & Verwaltung
Lernsituationen

Fachoberschule Wirtschaft Hessen /
Fachoberschule und
Höhere Berufsfachschule Rheinland-Pfalz

Hans-Peter von den Bergen
Jörg Martin
Gisbert Weleda
u. a.

in Zusammenarbeit mit der Verlagsredaktion

Cornelsen

Schwerpunkt Wirtschaft & Verwaltung Lernsituationen

Fachoberschule Wirtschaft Hessen / Fachoberschule und Höhere Berufsfachschule Rheinland-Pfalz

Dieses Buch wurde erstellt unter Verwendung von Materialien von:
Oliver Dillmann, Kai Franke, Christian Fritz, Ariane Hoffmann, Franz-Josef Kaiser, Ludger Katt, Antje Kost, Antje Licht, Ute Morgenstern, Klaus Otte, Elena Pestel, Michael Piek, Roswitha Pütz, Alexander Rauch, Heike Scholz, Claudia Simons-Kövér

Verlagsredaktion: Dörte Lütvogt
Bildredaktion: Gertha Maly
Covergestaltung: Ungermeyer, Berlin
Layoutkonzept: Torsten Lemme, Berlin
Layout / Technische Umsetzung: LemmeDESIGN, Berlin
Titelfoto: stock.adobe.com/goodluz

www.cornelsen.de

1. Auflage, 1. Druck 2023

Alle Drucke dieser Auflage sind inhaltlich unverändert und können im Unterricht nebeneinander verwendet werden.

Druck: AZ Druck und Datentechnik GmbH, Kempten

ISBN 978-3-06-452227-5

Arbeiten mit diesem Buch

In diesem Arbeitsbuch finden Sie passend zu den Kapiteln in der Fachkunde handlungsorientierte Lernsituationen.

1 Der Querverweis zur Fachkunde zeigt Ihnen, wo Sie fachliche Informationen zur Bearbeitung der Lernsituation finden.

2 Die Lernsituationen beginnen mit der Schilderung einer berufstypischen Alltagssituation. Oft sind dies Situationen aus dem betrieblichen Geschehen der Fly Bike Werke GmbH, des zentralen Modellunternehmens. Eine ausführliche Vorstellung der Fly Bike Werke GmbH finden Sie auf S. 6 – 15 dieses Arbeitsbuches.

3 Hier finden Sie konkrete Arbeitsaufträge zur Bearbeitung der Lernsituationen. Die Arbeitsaufträge unterstützen Sie bei der Weiterentwicklung Ihrer beruflichen wie privaten Handlungs- und Entscheidungskompetenz.

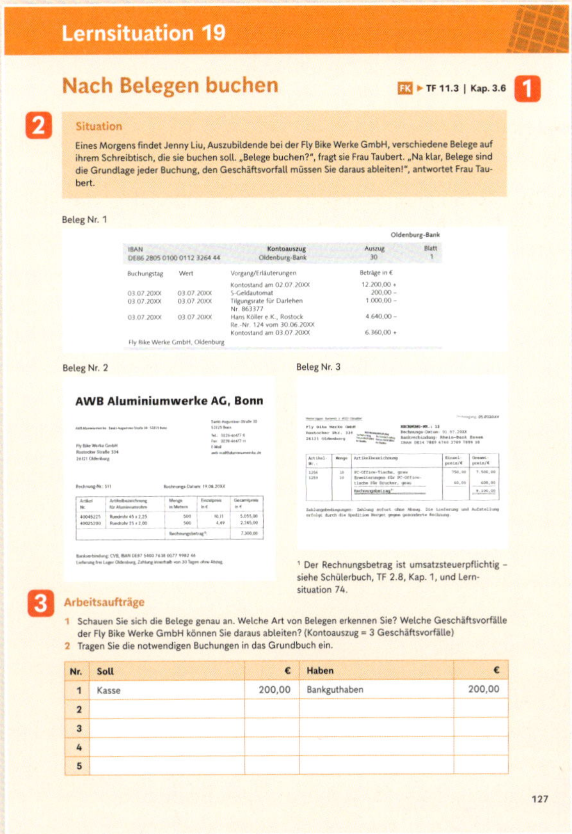
Lernsituation 19

Nach Belegen buchen ▸ TF 11.3 | Kap. 3.6

Situation

Eines Morgens findet Jenny Liu, Auszubildende bei der Fly Bike Werke GmbH, verschiedene Belege auf ihrem Schreibtisch, die sie buchen soll. „Belege buchen?", fragt sie Frau Taubert. „Na klar, Belege sind die Grundlage jeder Buchung, den Geschäftsvorfall müssen Sie daraus ableiten!", antwortet Frau Taubert.

Beleg Nr. 1

Beleg Nr. 2

AWB Aluminiumwerke AG, Bonn

Beleg Nr. 3

¹ Der Rechnungsbetrag ist umsatzsteuerpflichtig – siehe Schülerbuch, TF 2.8, Kap. 1, und Lernsituation 74.

Arbeitsaufträge

1 Schauen Sie sich die Belege genau an. Welche Art von Belegen erkennen Sie? Welche Geschäftsvorfälle der Fly Bike Werke GmbH können Sie daraus ableiten? (Kontoauszug = 3 Geschäftsvorfälle)

2 Tragen Sie die notwendigen Buchungen in das Grundbuch ein.

Nr.	Soll	€	Haben	€
1	Kasse	200,00	Bankguthaben	200,00
2				
3				
4				
5				

127

4 Die Arbeitsblätter bieten Ihnen eine Möglichkeit, Ihr Wissen anzuwenden und in übersichtlicher Form festzuhalten.

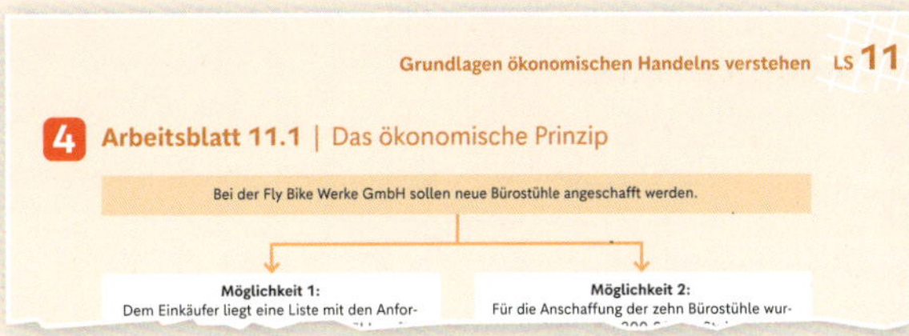
Grundlagen ökonomischen Handelns verstehen LS 11

Arbeitsblatt 11.1 | Das ökonomische Prinzip

Bei der Fly Bike Werke GmbH sollen neue Bürostühle angeschafft werden.

Möglichkeit 1: Dem Einkäufer liegt eine Liste mit den Anfor-

Möglichkeit 2: Für die Anschaffung der zehn Bürostühle wur-

5 Zusätzliche Aufgaben festigen und vertiefen das Gelernte. Sie eignen sich auch gut zur Prüfungsvorbereitung.

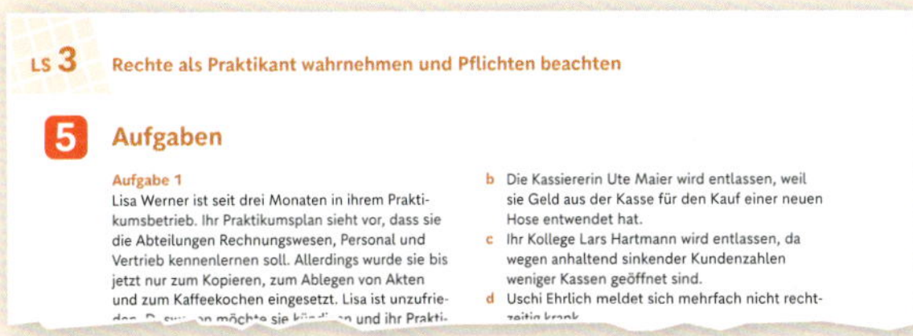
LS 3 Rechte als Praktikant wahrnehmen und Pflichten beachten

Aufgaben

Aufgabe 1

Lisa Werner ist seit drei Monaten in ihrem Praktikumsbetrieb. Ihr Praktikumsplan sieht vor, dass sie die Abteilungen Rechnungswesen, Personal und Vertrieb kennenlernen soll. Allerdings wurde sie bis jetzt nur zum Kopieren, zum Ablegen von Akten und zum Kaffeekochen eingesetzt. Lisa ist unzufrie-

b Die Kassiererin Ute Maier wird entlassen, weil sie Geld aus der Kasse für den Kauf einer neuen Hose entwendet hat.

c Ihr Kollege Lars Hartmann wird entlassen, da wegen anhaltend sinkender Kundenzahlen weniger Kassen geöffnet sind.

d Uschi Ehrlich meldet sich mehrfach nicht recht-

6 Am Ende eines jeden Themenfeldes finden Sie einen Selbsteinschätzungsbogen, mit dem Sie Ihre Kompetenzentwicklung eigenständig überprüfen können.

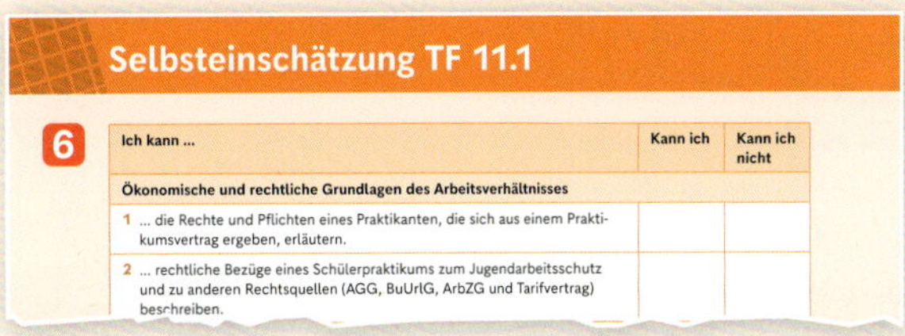
Selbsteinschätzung TF 11.1

Ich kann ...	Kann ich	Kann ich nicht
Ökonomische und rechtliche Grundlagen des Arbeitsverhältnisses		
1 ... die Rechte und Pflichten eines Praktikanten, die sich aus einem Praktikumsvertrag ergeben, erläutern.		
2 ... rechtliche Bezüge eines Schülerpraktikums zum Jugendarbeitsschutz und zu anderen Rechtsquellen (AGG, BuUrlG, ArbZG und Tarifvertrag) beschreiben.		

Webcode-Bereich

Unter **www.cornelsen.de/codes** oder alternativ direkt über das Suchfeld auf **www.cornelsen.de** finden Sie umfangreichreiches Zusatzmaterial zur vorliegenden Lehrwerksreihe.

Code: kovevi

Inhaltsverzeichnis

Eine Betriebserkundung: Die Fly Bike Werke GmbH

1 Unternehmensporträt

Jan Ullmann und Björn Ries, die Gesellschafter der Fly Bike Werke GmbH, sind seit frühester Jugend befreundet und hatten immer ein gemeinsames Hobby, das Radrennfahren. Die Väter der beiden Amateur-Rennfahrer waren schon frühzeitig im Fahrradmarkt aktiv. Dirk Ries, Vater von Björn Ries, betrieb in Oldenburg einen Fahrradeinzelhandel, wobei Rennräder für den Amateurbereich einen Schwerpunkt in seinem Sortiment darstellten. Klaus Ullmann, Vater von Jan Ullmann, produzierte in Oldenburg Standardfahrradrahmen aus Stahl für die Fahrradindustrie.

1982 übernahm Jan Ullmann von seinem Vater das Unternehmen Fahrrad Ullmann. 1997 gründete Jan Ullmann die Fly Bike Werke GmbH (als sogenannte Ein-Mann-GmbH). Die Aufgaben eines Geschäftsführers übertrug er an den ebenfalls radsportbegeisterten Hans Peters, der zum Jahresende 2022 aus Altersgründen aus dem Unternehmen ausschied und dem Ewa Nowak als Geschäftsführerin nachfolgte. Hauptziele der Fly Bike Werke GmbH sind und waren immer die Produktion und der Absatz von hochwertigen, langlebigen Fahrrädern mit Gewinn.

Der Zwang zu modernen Fertigungsmethoden und die damit verbundenen Investitionen erhöhten den Kapitalbedarf schon kurz nach Gründung des Unternehmens erheblich. Da traf es sich gut, dass Jan Ullmann seinen alten Freund Björn Ries bei einem Radrennen traf und von seinen Sorgen erzählte. Der aufgrund eines erfolgreichen Berufslebens vermögende Björn Ries war spontan bereit, sich an der Fly Bike Werke GmbH zu beteiligen, und trat Anfang 2001 als weiterer Gesellschafter in die GmbH ein. Basis für die Geschäftstätigkeit der Fly Bike Werke GmbH ist der Gesellschaftsvertrag ab Seite 8.

Modellunternehmen Fly Bike Werke GmbH		
Rechtsform und Unternehmensgröße, Handelsregistereintrag	Gesellschaft mit beschränkter Haftung (GmbH) Kleine Kapitalgesellschaft gem. § 267 HGB Oldenburg HRB 2134	
Gesellschafter und Geschäftsanteile	Herr Jan Ullmann 200.000,00 €	Herr Björn Ries 100.000,00 €
Geschäftsführerin	Frau Ewa Nowak	
Geschäftsjahr	Kalenderjahr (01. 01. bis 31. 12.)	
Umsatz Berichtsjahr	Ca. 6,9 Mio. €	
Bankverbindungen	• Bank 3000 Oldenburg BAN: DE67 3707 5020 2114 2536 66 BIC: 3000DENIXXX • Oldenburg-Bank IBAN: DE86 2804 0114 0112 3264 44 BIC: OLBADEOL261	
Kontakt	Post- und Lieferadresse: Rostocker Str. 334, 26121 Oldenburg Telefon 0441 8XX-0 Telefax 0441 8XX-9211 Internet: www.flybike-werke.dex E-Mail: mail@flybike-werke.dex	
Absatzprogramm	Produktionsprogramm	City-Räder, Mountainbikes, Rennräder, Jugendräder, Trekkingräder, Pedelecs
	Handelswaren	Fahrradbekleidung, Fahrradzubehör, Fahrradanhänger
	Dienstleistungen	Vermittlung von Fahrradreisen
Stoffe, Vorprodukte, Fremdbauteile (Beispiele)	Rohstoffe	Rohre und Bleche aus Stahl und Aluminium
	Hilfsstoffe	Lacke und Grundierungen, Schrauben und Kleinteile
	Betriebsstoffe	Strom, Gas, Wasser, Heizöl, Schmierstoffe
	Vorprodukte, Fremdbauteile	Räder, Beleuchtung, Sättel, Spezialrahmen, Federgabeln
Fertigungstypen und Fertigungsarten	• Fließ- bzw. Gruppenfertigung • Werkstattfertigung (Rennräder-Profi) • Serienfertigung • Einzelfertigung (Rennräder-Profi)	
Technische Anlagen und Maschinen (Beispiele)	Universalroboter, Rohrschneideanlage, Rahmenrichtmaschine, Schleifmaschine, Schweißmaschine, Montagebänder, Verpackungsmaschine, Lackierautomaten	
Mitarbeiter	12 Arbeiter, 26 Angestellte, 2 Auszubildende	
Kunden	Großhändler, Filialisten, Cash-and-Carry-Märkte im Inland, Großhändler im Ausland	
Lieferanten	Industriebetriebe und Spezialgroßhändler im In- und Ausland	
Verbände	Oldenburgische Industrie- und Handelskammer, Oldenburg (Pflichtmitgliedschaft); NORDMETALL e. V., Hamburg, Geschäftsstelle Oldenburg, Bezirksgruppe Nordwest (Arbeitgeberverband)	
Betriebsnummer für die Sozialversicherung	26 550 966	
Steuer-Nr. USt-Id.-Nr.	112/8870/0057 DE 236667691	

2 Gesellschaftsvertrag

– Gesellschaftsvertrag –

§ 1 Firma und Sitz der Gesellschaft
(1) Die Firma der Gesellschaft lautet:
Fly Bike Werke Gesellschaft mit beschränkter Haftung
(2) Sitz der Gesellschaft ist Oldenburg.

§ 2 Gegenstand des Unternehmens
Gegenstand des Unternehmens ist die Herstellung und der Handel mit Fahrrädern, Fahrradteilen, Fahrradzubehör und Dienstleistungen im Fahrradmarkt. Die Gesellschaft darf andere Unternehmen gleicher oder ähnlicher Art übernehmen, vertreten und sich an solchen beteiligen; sie darf auch Zweigniederlassungen errichten.

§ 3 Stammkapital und Stammeinlage
(1) Das Stammkapital der Gesellschaft beträgt 350.000,00 DM
(in Worten: dreihundertfünfzigtausend Deutsche Mark).
(2) Der alleinige Gesellschafter, Herr Jan Ullmann, Oldenburg, leistet seine Einlage, indem er alle Vermögenswerte der Einzelunternehmung Fahrrad Ullmann in die Gesellschaft einbringt.

§ 4 Dauer der Gesellschaft, Geschäftsjahr
(1) Die Gesellschaft wird auf unbestimmte Zeit errichtet.
(2) Geschäftsjahr ist das Kalenderjahr.

§ 5 Geschäftsführung und Vertretung
(1) Die Gesellschaft hat einen oder mehrere Geschäftsführer. Sind mehrere Geschäftsführer bestellt, so wird die Gesellschaft durch je zwei Geschäftsführer gemeinschaftlich vertreten.
(2) Zum Geschäftsführer wird bestellt: Herr Hans Peters. Er ist von den Beschränkungen des § 181 BGB befreit.

§ 6 Jahresabschluss
Innerhalb der ersten drei Monate nach Abschluss eines Geschäftsjahres hat die Geschäftsführung den Jahresabschluss und den Lagebericht aufzustellen und zusammen mit einem Vorschlag zur Ergebnisverwendung dem Gesellschafter vorzulegen. Der Jahresabschluss ist nach den gesetzlichen Vorschriften zu erstellen.

§ 7 Bekanntmachungen
Bekanntmachungen der Gesellschaft werden im Bundesanzeiger veröffentlicht.

Oldenburg, 15. Februar 1997

Jan Ullmann

Änderungen des Gesellschaftsvertrages § 3 (1)
durch Gesellschafterbeschluss am 20. 05. 2000
Das Stammkapital der Gesellschaft wird auf 200.000,00 € (in Worten: zweihunderttausend Euro) erhöht. Die ausstehende Einlage ist zum offiziellen Umrechnungskurs von 1,95583 DM je Euro bis zum 31. 12. 2000 auf das Konto der Gesellschaft durch den Gesellschafter Jan Ullmann, Oldenburg, einzuzahlen.

Oldenburg, 20. Mai 2000

Jan Ullmann

Änderungen des Gesellschaftsvertrages § 3 (1)
durch Gesellschafterbeschluss am 15. 12. 2000:

(1) Zu Beginn des Geschäftsjahres 2001 tritt Herr Björn Ries in die GmbH ein. Der Gesellschafter Ries leistet eine Einlage von 100.000,00 € (in Worten: einhunderttausend Euro). Das gezeichnete Kapital erhöht sich auf 300.000,00 € (in Worten: dreihunderttausend Euro). Davon übernehmen:
  a) Herr Jan Ullmann, Oldenburg, 200.000,00 €.
  b) Herr Björn Ries, Oldenburg, 100.000,00 €.
  c) Herr Björn Ries leistet eine Kapitalrücklage in Höhe von 100.000,00 € für die erbrachten Vorleistungen von Herrn Jan Ullmann (Know-how, Firmenimage).

Ergänzung des Gesellschaftsvertrages um § 3 (3)
durch Gesellschafterbeschluss am 15. 12. 2000:

(3) Der Gesellschafter Björn Ries, Oldenburg, leistet seine Einlage in Geld. Seine Stammeinlage und die vereinbarte Kapitalrücklage sind zu Beginn des Geschäftsjahres 2001 zur freien Verfügung der Gesellschaft auf das Konto der Gesellschaft einzuzahlen.

Ergänzung des Gesellschaftsvertrages um § 4 (3)
durch Gesellschafterbeschluss am 15. 12. 2000:

(3) Jedem Gesellschafter steht ein Kündigungsrecht mit einjähriger Frist zum Jahresende zu.

Änderung des Gesellschaftsvertrages § 6 Jahresabschluss
durch Gesellschafterbeschluss am 15. 12. 2000:
Innerhalb der ersten drei Monate nach Abschluss eines Geschäftsjahres hat die Geschäftsführung den Jahresabschluss und den Lagebericht aufzustellen und zusammen mit einem Vorschlag zur Ergebnisverwendung der Gesellschafterversammlung vorzulegen. Der Jahresabschluss ist nach den gesetzlichen Vorschriften zu erstellen.

Ergänzung des Gesellschaftsvertrages um § 8
durch Gesellschafterbeschluss am 15. 12. 2000:

§ 8 Gesellschafterversammlung, Stimmrecht und Erfolgsbeteiligung

(1) Alljährlich findet innerhalb von 6 Monaten nach Schluss des vorangegangenen Rechnungsjahres eine ordentliche Gesellschafterversammlung statt. Diese beschließt über die
  - Feststellung des Jahresabschlusses für das vorangegangene Geschäftsjahr,
  - Verwendung der Ergebnisse der Unternehmung,
  - Entlastung des/der Geschäftsführer/s,
  - Wahl eines eventuell zu bestellenden Abschlussprüfers.

(2) Je 500,00 € eines Geschäftsanteils gewähren eine Stimme.

(3) 10 % eines Jahresüberschusses fließen ab 2001 in die Gewinnrücklage. Die Gewinnverteilung erfolgt im Verhältnis des gezeichneten Kapitals.

Änderung des Gesellschaftsvertrages § 5 (2)
durch Gesellschafterbeschluss am 15. 12. 2022:
Herr Hans Peters scheidet zum 31. 12. 2022 aus dem Unternehmen aus. Frau Ewa Nowak wird zum 01. 01. 2023 zur Geschäftsführerin ernannt.

Oldenburg, 15. Dezember 2022

Jan Ullmann *Björn Ries*

3 Absatzprogramm, Kunden, Preise

Das **Produktionsprogramm** der Fly Bike Werke GmbH umfasst zurzeit 14 verschiedene Fahrradmodelle. Das Produktionsprogramm wird durch Handelswaren und Dienstleistungen zum **Absatzprogramm** erweitert.

Produktionsprogramm			
Modell	Artikel-Nr.	Modell-Name	unverbindl. Preis
City-Räder	101 102	City *Glide* City *Surf*	490,00 € 548,80 €
Trekking-räder	201 202 203	Trekking *Light* Trekking *Free* Trekking *Nature*	598,50 € 700,00 € 875,00 €
Mountain-bikes	301 302 303	Mountain *Dispo* Mountain *Constitution* Mountain *Unlimited*	787,50 € 1.197,00 € 1.995,00 €
Rennräder	401 402	Renn *Fast* Renn *Superfast*	2.520,00 € 4.410,00 €
Kinderräder	501 502	Kinder *Twist* Kinder *Cool*	393,76 € 525,00 €
Pedelecs	601 602	E-City *Wind* E-Mountain *Sturm*	2.498,00 € 2.898,00 €

City-Rad Modell 102 Surf

Rennrad Modell 401 Fast

Handelswaren und Dienstleistungsangebote der Fly Bike Werke GmbH		
Handels-waren	Textilien aus Gore Tex (x = Größen S, M, L, XL, XXL)	• 701 x Shirts *STEFF superfast* • 702 x Shorts *STEFF superfast* • 703 x Jackets *STEFF superfast*
	Fahrradanhänger	• 601 Modell *Kelly* • 602 Modell *Mini* • 603 Modell *Max* • 604 Modell *Kids* • 605 Modell *Sven*
Dienst-leistun-gen	Vermittlung von Radtouren/Reisen (Veranstalter: UIT und Rebbel)	• 901 Brandenburg und Mecklenburg-Vorpommern • 902 Rheinland-Pfalz (Mosel) • 903 Niedersachsen (Nordsee) • 904 Südtirol (Pässetour, Teilnahme an Dolomiti Open) • 905 Toskana (Kultur, Tour und Mee(h)r) • 906 Schweiz (Pässetour)

Mountainbike Modell 302 Constitution

Kinderrad Modell 502 Cool

Kunden der Fly Bike Werke GmbH	
Einzelhandel	Umsatzstarke Fachhandelsunternehmen mit eigenen Filialen und abgegrenzten Vertriebsgebieten in Deutschland
Großhandel national	Fahrradgroßhandelsunternehmen, die den Fahrradeinzelhandel in Deutschland beliefern
Großhandel Europa	Je ein Großhändler in Belgien, in den Niederlanden, in Österreich und der Schweiz, die dort landesweit den Fahrradeinzelhandel beliefern
Private-Label-Kunden	Eine Kaufhauskette und ein Cash-and-Carry-Konzern, die Fahrräder unter eigenem Markennamen (Private Label) vertreiben

Die Preise der Fahrräder werden von der Fly Bike Werke GmbH immer als unverbindliche Preisempfehlungen angegeben, zuzüglich Umsatzsteuer für den Endverbraucher. Auf diese Preise erhalten die Wiederverkäufer (Kunden der Fly Bike Werke GmbH) Preisnachlässe in Form von Rabatten, Boni und Skonto.

Die Preise der Fahrräder werden von der Fly Bike Werke GmbH in Preislisten als unverbindliche Preisempfehlungen angegeben (zuzüglich Umsatzsteuer). Auf diese Preise erhalten die Wiederverkäufer (Kunden der Fly Bike Werke) Preisnachlässe in Form von **Rabatten, Boni** und **Skonto.** Auftragsfertigungen werden kundenindividuell kalkuliert.

Preisnachlässe	
Rabattstaffel	
Stückzahl	Rabatt
1–10	27,5 %
11–50	29,0 %
51–100	30,0 %
101–250	31,0 %
251–500	32,0 %
> 500	33,0 %
Boni (Jahresboni bezogen auf den Zielverkaufspreis der Gesamtmenge)	
Abnahme von mindestens 1 000 Fahrrädern	1 %
Abnahme von mindestens 5 000 Fahrrädern	2 %
Skonto	
2 % bei Zahlung innerhalb von 8 Tagen	

4 Leistungserstellung

Die Fly Bike Werke GmbH produziert die meisten Fahrradrahmen und Fahrradgabeln selbst.

Der voll gefederte Y-Rahmen des Modells Unlimited wird zurzeit fremdbezogen. Dies gilt auch für die Federgabeln der Modelle Constitution und Unlimited, die von einem amerikanischen Lieferanten bezogen werden. Alle übrigen Teile werden ebenfalls fremdbezogen. Mit den Lieferanten sind hinsichtlich der technischen Spezifikationen der Bauteile und Baugruppen feste Vereinbarungen getroffen worden. Ein Hersteller liefert immer eine komplette Baugruppe (Komponentengruppe), der eine von der Fly Bike Werke GmbH vergebene Set-Nr. (Komponentennummer) zugeordnet wird.

Ein Fahrrad besteht bei Vollausstattung aus bis zu über 1 000 Einzelteilen. Der Fly Bike Werke GmbH ist es in Zusammenarbeit mit ihren Lieferanten gelungen, die notwendigen Teile in Baugruppen so zusammenzufassen, dass die Baugruppe (Komponente) komplett von einem Lieferanten zur Verfügung gestellt werden kann. Der Weltmarktführer für Fahrradteile, Tamino Inc., liefert z. B. für das Modell Dispo alle Teile für die Komponenten „Räder und Schaltung“, „Antrieb“ und „Bremsen“. Das positive Image bestimmter Teilehersteller wird bei den Endverbrauchern auf das Fertigprodukt Fahrrad übertragen. Zu diesen Teileherstellern zählen z. B.

- Tamino Inc., Japan: (Ketten-)Schaltungen, Antriebe, Bremsen, Pedelec-Komponenten (Motoren, Akkus, Steuerungen)
- Dax AG, Deutschland: (Naben-)Schaltungen, Antriebe, Bremsen, Pedelec-Komponenten (Motoren, Akkus, Steuerungen)
- Sella SA, Italien: Sättel
- Shokk Ltd., USA: Federgabeln

Eigenfertigung: Rahmen des Mountainbikes Dispo

5 Bilanz und GuV

Bilanz der Fly Bike Werke GmbH, Oldenburg, zum 31.12.20XX (in €)

Aktiva	Vorjahr	Berichtsjahr	Passiva	Vorjahr	Berichtsjahr
A. Anlagevermögen			**A. Eigenkapital**	700.000,00	850.000,00
1. Grundstücke und Bauten	635.200,00	612.850,00	**B. Verbindlichkeiten**		
2. Technische Anlagen und Maschinen	224.904,00	131.870,00	1. Langfristige Bankverbindlichkeiten	639.000,00	602.000,00
3. Betriebs- und Geschäftsausstattung	138.371,00	97.505,00	2. Verbindlichkeiten aus Lieferungen und Leistungen	697.600,00	926.225,00
B. Umlaufvermögen			3. Sonstige Verbindlichkeiten	13.000,00	24.000,00
1. Roh-, Hilfs- und Betriebsstoffe	224.800,00	288.000,00			
2. Unfertige Erzeugnisse	36.000,00	48.000,00			
3. Fertige Erzeugnisse	72.900,00	140.000,00			
4. Handelswaren	0,00	4.000,00			
5. Forderungen aus Lieferungen und Leistungen	541.520,00	720.000,00			
6. Kasse	3.105,00	2.400,00			
7. Bankguthaben	172.800,00	357.600,00			
	2.049.600,00	2.402.225,00		2.049.600,00	2.402.225,00

Gewinn-und-Verlust-Rechnung zum 31. 12. 20XX

Gesamtkostenverfahren, Beträge in €	Vorjahr	Berichtsjahr
1. Umsatzerlöse	5.800.000,00	6.893.555,85
2. Erhöhung des Bestandes an Erzeugnissen	18.000,00	105.500,00
3. aktivierte Eigenleistungen	3.000,00	3.600,00
4. sonstige betriebliche Erträge	–	4.000,00
5. Materialaufwand mit Wareneinsatz	3.271.300,00	3.565.000,00
Rohergebnis	**2.549.700,00**	**3.441.655,85**
6. Personalaufwand	1.845.990,00	2.250.000,00
7. Abschreibungen	170.000,00	210.000,00
8. sonstige betriebliche Aufwendungen	324.000,00	344.000,00
Betriebsergebnis	**209.710,00**	**637.655,85**
9. Erträge aus Beteiligungen	–	–
10. Erträge aus anderen WP/Finanzanlagen	–	–
11. sonstige Zinsen	–	–
12. Abschreibungen auf WP des UV/Finanzanlagen	–	355.412,35
13. Zinsaufwendungen	60.480,00	47.628,00
9. bis 13. Finanzergebnis	– 60.480,00	– 403.040,35
14. Steuern vom Einkommen und vom Ertrag	47.230,00	82.115,50
15. Ergebnis nach Steuern	102.000,00	152.500,00
16. Sonstige Steuern	2.000,00	2.500,00
17. Jahresüberschuss/Jahresfehlbetrag	100.000,00	150.000,00

WP = Wertpapiere, UV = Umlaufvermögen

6 Organigramm

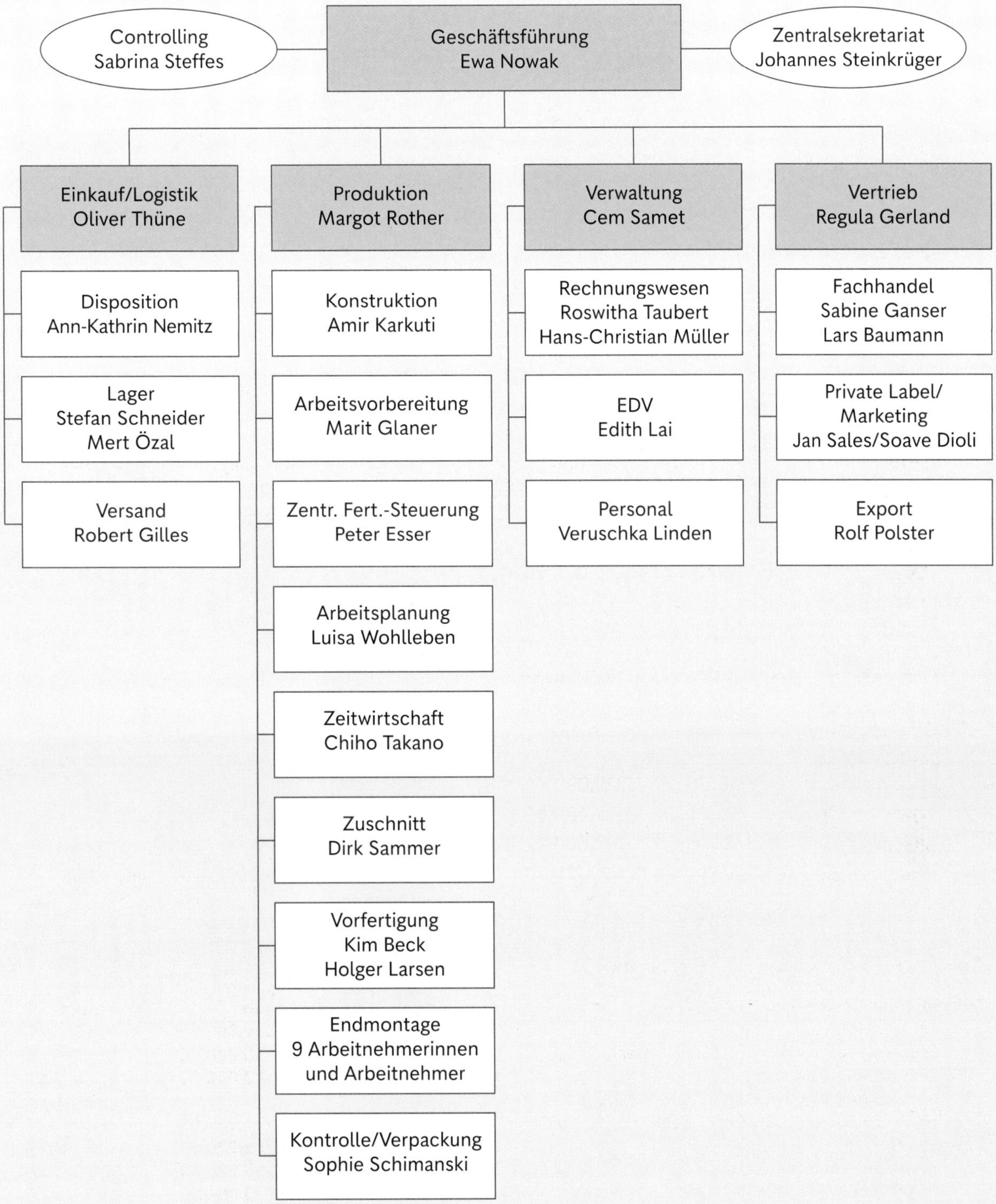

Sicherheitsbeauftragter:	Peter Esser
Umweltbeauftragter:	Oliver Thüne
Qualitätsbeauftragte:	Sophie Schimanski
Datenschutzbeauftragter:	Cem Samet
Betriebsratsmitglieder:	Sabine Ganser, Saskia Engel, Mahmoud El-Saadi
technischer Auszubildender:	Elias Schumacher
kfm. Auszubildende:	Jenny Liu

7 Kundenstammdaten der Fly Bike Werke GmbH

Kundenstammdaten der Fly Bike Werke GmbH

Kunden-Nr. Debitoren-Nr.	Firma Anschrift Telefon/Fax	Ansprechpartner Lieferanschrift Lieferart	Zahlungsbe-dingungen Zahlungsziel	Name der Bank IBAN BIC	Ansprechpartner FBW
10001 24001	Radbauer GmbH Augsburger Str. 21 80335 München Tel. 089 224XX6(8) Fax 089 224XX7	Herr Rosenheim Nymphenburgerstr. 42 80335 München Tel. 089 125XX0 Bahnfracht	2 % Skonto innerhalb von 8 Tagen 30 Tage Ziel	Argentum Bank München IBAN: DE44 3478 9067 0043 6224 90 BIC: ARGEDEMUM02	Herr Baumann
10002 24002	Schöller & Co. OHG Fahrradhandel Parlamentsplatz 2 60385 Frankfurt a. M. Tel. 069 49XX0 Fax 069 49262XX3	Herr Kleine Mörfelder Landstr. 180 60589 Frankfurt a. M. Tel. 069 6312XX8 Bahnfracht	2 % Skonto innerhalb von 8 Tagen 30 Tage Ziel	CVB IBAN: DE73 5664 7823 0322 4000 21 BIC: CVERDEELXXX	Herr Baumann
10003 24003	Fahrradhandel Uwe Gross e. K. Am Wasserturm 4 66113 Saarbrücken Tel. 0681 685XX1 Fax 0681 68508XX2	Frau Geldert Dudweiler Landstr. 157 66123 Saarbrücken Tel. 0681 3908XX6 Bahnfracht	2 % Skonto innerhalb von 8 Tagen 30 Tage Ziel	Saarbrücken-Bank IBAN: DE30 7004 8912 0120 0045 69 BIC: SABADESBXXX	Herr Baumann
10004 24004	Zweirad Ritter GmbH Herzogstr. 70 40251 Düsseldorf Tel. 0211 37XX1 Fax 0211 3750XX7	Herr Grünert Gladbacher Str. 50 41462 Neuss Tel. 02131 544XX2 Bahnfracht	2 % Skonto innerhalb von 8 Tagen 30 Tage Ziel	Bank 3000 IBAN: DE17 3467 8375 2140 0226 79 BIC: 3000DENW891	Frau Ganser
10005 24005	Fahrrad & Motorrad GmbH Alter Hellweg 46 44379 Dortmund Tel. 0231 61XX1 Fax 0231 6170XX3	Frau Dunkel Alter Hellweg 46 44379 Dortmund Tel. 0231 617XX0 Bahnfracht	2 % Skonto innerhalb von 8 Tagen 30 Tage Ziel	Bank 3000 IBAN: DE78 2106 7845 0420 0067 99 BIC: 3000DENW672	Frau Ganser
10006 24006	Bike GmbH Leipziger Chaussee 12 39118 Magdeburg Tel. 0391 6212XX5(6) Fax 0391 6212XX0	Herr Gründel Am Hansehafen 5 39126 Magdeburg Tel. 0391 509XX1 Bahnfracht	2 % Skonto innerhalb von 8 Tagen 30 Tage Ziel	Camino Bank IBAN: DE49 6734 9003 0122 0033 44 BIC: CMNBDER4XXX	Herr Baumann
10007 24007	Zweiradhandelsgesellschaft GmbH Unter den Linden 42 10178 Berlin Tel. 030 202XX0 Fax 030 20208XX0	Herr Wester Rosenthaler Str. 40 10178 Berlin Tel. 030 30880XX1 Bahnfracht	2 % Skonto innerhalb von 8 Tagen 30 Tage Ziel	ProBank Berlin IBAN: DE88 7856 3328 0010 0469 91 BIC: PROBDEB1KL2	Herr Baumann
10008 24008	Nordstrad Sportbekleidung GmbH Alter Markt 28 18055 Rostock Tel. 0381 4904XX6 Fax 0381 4904XX1	Frau Adams Alter Hafen Nord 325 18069 Rostock Tel. 0381 8112XX0 Bahnfracht	2 % Skonto innerhalb von 8 Tagen 30 Tage Ziel	Bank 3000 IBAN: DE03 0467 8743 0012 3006 66 BIC: 3000DENW124	Herr Baumann
10009 24009	Sachsenrad GmbH Bayreuther Str. 20 01277 Dresden Tel. 0351 4274XX0 Fax 0351 4274XX1	Frau Zeisig Bodenbacher Str. 81 01277 Dresden Tel. 0351 2540XX1 Bahnfracht	2 % Skonto innerhalb von 8 Tagen 30 Tage Ziel	TopBank IBAN: DE93 8842 6790 0669 200 51 BIC: TOPBDEBW842	Herr Baumann
20010 24010	EGZ Einkaufsgenossenschaft Bonner Landstr. 512 50996 Köln Tel. 0221 934XX2 Fax 0221 934622XX0	Herr Kleinheisel Bonner Landstr. 523 50996 Köln Tel. 0221 934622XX1 Spedition	3 % Skonto innerhalb von 10 Tagen 30 Tage Ziel	TEMPUS Bank IBAN: DE26 5543 7920 0240 0066 92 BIC: TEMPDE15XXX	Frau Ganser

Kundenstammdaten der Fly Bike Werke GmbH

Kunden-Nr. Debitoren-Nr.	Firma Anschrift Telefon/Fax	Ansprechpartner Lieferanschrift Lieferart	Zahlungsbe-dingungen Zahlungsziel	Name der Bank IBAN BIC	Ansprechpartner FBW
20011 24011	Radplus GmbH Gütersloher Str. 102 33415 Verl Tel. 05246 45XX0 Fax 05246 4595XX1	Herr Reichenbach Gütersloher Str. 122 33415 Verl Tel. 05246 4591XX0 Spedition	3 % Skonto innerhalb von 10 Tagen 30 Tage Ziel	Wiedenbrücker Kreisbank IBAN: DE71 6332 7845 0000 2453 98 BIC: WEKBDED2WDB	Frau Ganser
20012 24012	Bayernrad e. G. Schleißheimer Str. 20 85221 Dachau Tel. 08131 78XX1 Fax 08131 7807XX1	Herr Huber Münchner Str. 70 85221 Dachau Tel. 08131 5155XX0 Spedition	3 % Skonto innerhalb von 10 Tagen 30 Tage Ziel	Stadtbank Dachau IBAN: DE79 4389 8874 0000 6240 99 BIC: SBDAER4DAC	Herr Baumann
20014 24014	Multirad e. G. Großbeerenstr. 30 12107 Berlin Tel. 030 747XX0 Fax 030 74792XX1	Herr Brand Westfalenring 75 12207 Berlin Tel. 030 3007XX6 Spedition	3 % Skonto innerhalb von 10 Tagen 30 Tage Ziel	ProBank Berlin IBAN: DE31 7554 3293 0122 0005 67 BIC: PROBDEB1H46	Herr Baumann
30031 24031	Europarad N. V. Zandvoortstraat 16 2800 Mechelen Belgien Tel. +32 15 209XX1 Fax +32 15 209XX0	Herr van der Kracht Zandvoortstraat 16 2800 Mechelen Belgien Tel. +32 15 209XX1 Spedition	1,5 % Skonto innerhalb von 14 Tagen 60 Tage Ziel	L. S. T. Bank IBAN: BE98 6443 1226 3600 BIC: LSTBBEK1LST	Herr Polster
30032 24032	Jansen Import B.V. Groot Bollerweg 10 5928 NS Venlo Blerick Niederlande Tel. +31 77 3822XX0 Fax +31 77 8324XX1	Herr van Erp Groot Bollerweg 10 5928 NS Venlo-Blerick Niederlande Tel. +31 77 3822XX0 Spedition	1,5 % Skonto innerhalb von 14 Tagen 60 Tage Ziel	O. C. B. Nemo Bank IBAN: NL27 NEMO 0904 2428 35 BIC: NEMONL3V	Herr Polster
30033 24033	Austria Fahrradhandelsgesellschaft AG Rautenweg 182 1220 Wien Österreich Tel. +43 1 226XX7 Fax +43 1 2206XX5	Frau Czech Rautenweg 182 – 184 1220 Wien Österreich Tel. +43 1 226XX8 Bahnfracht	1,5 % Skonto innerhalb von 14 Tagen 60 Tage Ziel	ZETAG P. S. K. IBAN: AT56 7790 4237 1723 4648 BIC: ZETAATKK	Herr Polster
30034 24034	Velo AG Binzstr. 15 8045 Zürich Schweiz Tel. +41 1 4638XX6 Fax +41 1 4637XX0	Frau Alpi Binzstr. 16 8045 Zürich Schweiz Tel. +41 1 4638XX9 Bahnfracht	1,5 % Skonto innerhalb von 14 Tagen 60 Tage Ziel	Zürcher Bank IBAN: CH71 0427 5419 2031 4228 1 BIC: ZRCHCHJFXXX	Herr Polster
40021 24021	Hofkauf AG Emdener Str. 4 50735 Köln Tel. 0221 7122XX0 Fax 0221 7122XX399	Herr Thönnes Lagerzentrum Frankfurter Str. 40 51065 Köln Tel. 0221 7122XX333 Spedition	2 % Skonto innerhalb von 10 Tagen 45 Tage Ziel	Rhein-Bank Köln IBAN: DE79 4905 5532 0240 8521 22 BIC: RBNKDEK1XXX	Herr Sales
40022 24022	MaHro AG Altenessener Str. 61 45472 Essen, Ruhr Tel. 0201 343XX0 Fax 0201 343XX222	Herr Kunster Zwischenlager Mülheim Kruppstr. 60 45472 Mülheim a. d. Ruhr Tel. 0208 43XX0 Spedition	2 % Skonto innerhalb von 10 Tagen 45 Tage Ziel	Essener Stadtbank IBAN: DE94 7823 9475 0012 0003 99 BIC: SBESDE8E3XXX	Herr Sales

8 Lieferantenstammdaten der Fly Bike Werke GmbH

Lieferantenstammdaten der Fly Bike Werke GmbH

Liefer.-Nr. Kredito- ren-Nr.	Firma Anschrift Telefon/Fax	Ansprechpartner Lieferanschrift Lieferart	Name der Bank IBAN BIC	Lieferprogramm
60001 44001	Stahlwerke Krahler AG Karl-Kleppe-Str. 19 40474 Düsseldorf Tel. 0211 45899XX7 Fax 0211 45899XX24	Herr Greiner Tor 1 Karl-Kleppe-Str. 20 40474 Düsseldorf Tel. 0221 45899XX2 Spedition	Bank im Westen IBAN: DE40 765 4002 0000 0240 0337 12 BIC: WESTDEDD452	Stahlrohre, Bleche
60002 44002	Mannes AG Herner Str. 406 44807 Bochum Tel. 0234 904XX0 Fax 0234 904XX711	Herr Özman Herner Str. 405 44807 Bochum Tel. 0234 904XX333 Spedition	HypoUnion Bank IBAN: DE70 1254 0809 0079 9143 68 BIC: HYUNDEBOXXX	Stahlrohre
60003 44003	Alu-Werke Bonn AG St. Augustiner Str. 30 53225 Bonn Tel. 0228 464XX0 Fax 0228 464XX11	Herr Köllen Trier Str. 16 53115 Bonn Tel. 0228 617XX4 Spedition	CVB IBAN: DE87 5400 7638 0077 9982 46 BIC: CVERDEELXXX	Aluminiumrohre
60004 44004	Shokk Ltd. 401 Charcot Ave. San Jose, CA95131, USA Tel. +1 4 084357XX6 Fax +1 4 084357XX7	Mr. Temp Keine Rücksendungen Schiffsfracht	Diamond Bank N. A. SWIFT-Code (BIC): DIABUS01 Account Number: 77 892 346	Spezialfedergabeln
60005 44005	Hans Köller Spezialrahmenbau e. K. Lorenzstr. 10 18146 Rostock Tel. 0381 69XX0 Fax 0381 69XX777	Frau Reiz Lorenzstr. 10 18148 Rostock Tel. 0381 69XX341 Bahnfracht	Bank 3000 IBAN: DE32 90457 8445 0012 3002 41 BIC: BN30DENWXXX	Spezialfahrradrahmen und Spezialfederga-beln
62007 44007	Farbenfabrik AG Am Beyerwerk 144 51333 Leverkusen Tel. 0214 3XX Fax 0214 3XX11	Herr Gräulich Am Beyerwerk 144 51333 Leverkusen Tel. 0214 3XX99 Spedition	Leverkusen-Bank IBAN: DE88 4990 6324 0607 0037 12 BIC: LEBADEK9LEV	Lacke, Grundierungen
62008 44008	Kohlor GmbH Hafenstr. 125 67061 Ludwigshafen am Rhein Tel. 0621 582XX4 Fax 0621 582XX6	Frau Reineke Hafenstr. 190 67061 Ludwigshafen Tel. 0621 509XX1 Spedition	TEMPUS Bank IBAN: DE26 7880 9543 0099 7632 98 BIC: TEMPDE12XXX	Lacke, Grundierungen
71009 44009	Tamino Deutschland GmbH Immermannstr. 24 40210 Düsseldorf Tel. 0211 162XX6 Fax 0211 162XX9	Herr Freundlich Immermannstr. 24 40210 Düsseldorf Tel. 0211 162XX0 Spedition	The Okane Bank IBAN: DE93 3501 0245 0042 2996 33 BIC: OKABDEDDXXX	Schaltungen, Laufrä-der, Bremssysteme, Antriebssysteme (vollständige Systemkomponenten)
71010 44010	Tamino INC 3 – 77 Oimatsuchu, Sakei 590 – 77 Osaka, Japan Tel. +81 6 722233XX0 Fax +81 6 722233XX2	Mr. Wasabi Tamino Deutschland GmbH Immermannstr. 24 40210 Düsseldorf Tel. 0211 162XX0 Schiffsfracht	Hakkojo-Ichi-Bank SWIFT-Code (BIC): HAKKJPJZ Account No.: 702-4598321	Schaltungen, Lauf-räder, Bremssysteme, Antriebssysteme (vollständige Systemkomponenten)
71011 44011	Dax AG Rudolf-Diesel-Str. 25 97424 Düsseldorf Tel. 0211 80XX0 Fax 0211 80XX999	Herr Sachse Rudolf-Diesel-Str. 70 97424 Düsseldorf Tel. 0211 80XX326 Spedition	CVB IBAN: DE43 7102 8304 0404 0021 93 BIC: CVERDEELXXX	Schaltungen, Lauf-räder, Bremssysteme, Antriebssysteme (vollständige Systemkomponenten)
72012 44012	Schwalle KG Märkische Str. 36 44135 Dortmund Tel. 0231 52XX0 Fax 0231 52XX155	Herr Rille Märkische Str. 38 44135 Dortmund Tel. 0231 5281XX6 Spedition	Stadtbank Dortmund IBAN: DE43 5530 9433 0204 4001 23 BIC: SBDODEK9011	Reifen (Decken), Schläuche mit Venti-len, Felgenbänder
72013 44013	Continent AG Vahrenwalder Str. 99 30165 Hannover Tel. 0511 927XX1 Fax 0511 927XX1	Herr Rieger Vahrenwalder Str. 102 30165 Hannover Spedition	Bank 3000 IBAN: DE74 1028 4983 0124 4467 11 BIC: 3000DENWXXX	Reifen (Decken), Schläuche mit Ventilen, Felgenbänder

Lieferantenstammdaten der Fly Bike Werke GmbH

Liefer.-Nr. Kredito- ren-Nr.	Firma Anschrift Telefon/Fax	Ansprechpartner Lieferanschrift Lieferart	Name der Bank IBAN BIC	Lieferprogramm
73014 44014	Ruhrwerke GmbH Lohrheidestr. 72 44866 Bochum Tel. 02327 3XX1 Fax 02327 3XX998	Frau Rieser Lohrheidestr. 72 44866 Bochum Tel. 02327 3XX974 Spedition	HypoUnion Bank IBAN: DE49 6332 8535 0079 2003 41 BIC: HYUNDEBO894	Lenker, Vorbauten, Metall-ausstattungen (Stän-der, Gepäckträger usw.)
73015 44015	Frikawerke GmbH & Co. KG Gertenstr. 19 58739 Wickede/Ruhr Tel. 02377 5XX0 Fax 02377 5XX319	Herr Stoll Gertenstr. 19 58739 Wickede/Ruhr Tel. 02377 5XX124 Spedition	Werler Kreisbank IBAN: DE13 6690 3844 0039 7226 11 BIC: KBWRDEH1WRL	Lenker, Vorbauten, Metall-ausstattungen (Stän-der, Gepäckträger usw.)
74016 44016	Sella SA Via San Pietro 22 – 24 10121 Torino Italien Tel. +39 11 4679XX1 Fax +39 11 4679XX7	Sig. Maletti Lieferanschrift Via San Pietro 22 – 24 10121 Torino Italien Tel. +39 11 4679XX4 Bahnfracht	HypoUnion Banca di Roma IBAN: IT69 H8B0 5300 4656 4566 12611 74 BIC: HYUNITZ3428	Sättel, Sattelstützen, Satteltaschen
75020 44020	Union Elektro AG Landsberger Str. 66 12623 Berlin Tel. 030 5628XX3 Fax 030 5628XX1	Herr Kraprich Landsberger Str. 67 12623 Berlin Tel. 030 5628XX2 Spedition	IKL-Bank IBAN: DE35 1001 0700 0160 9233 09 BIC: IKLBDE10XXX	Beleuchtungssysteme
76022 44022	Kunststoffe Graver AG Hans-Böckler-Str. 49 – 52 28217 Bremen Tel. 0421 399XX0 Fax 0421 399XX613	Herr Danielesen Hans-Böckler-Str. 49 – 52 28217 Bremen Tel. 0421 399XX666 Spedition	TopBank IBAN: DE24 7856 4439 0714 9002 09 BIC: TOPBDEBW125	Kunststoffausstattun-gen (Schutzbleche, Kettenschutz, Griffe usw.) und Kunststoff-verpackungen
77024 44024	Druckerei & Design Wolfgang Krause Cloppenburger Str. 450 26133 Oldenburg Tel. 0441 47XX1 Fax 0441 47XX2	Herr Krause Cloppenburger Str. 450 26133 Oldenburg Tel. 0441 47XX1 Spedition	Oldenburg-Bank IBAN: DE83 1009 7463 0100 0233 09 BIC: OLBADE98XXX	Abzüge, Drucksachen aller Art
78026 44026	Marmwik GmbH Den Haager Str. 1a 28259 Bremen Tel. 0421 576XX1 Fax 0421 576XX222	Herr Kleinreich Den Haager Str. 1b 28259 Bremen Tel. 0421 576XX289 Spedition	TopBank IBAN: DE54 6670 9340 0314 9113 11 BIC: TOPBDEBW785	Hochwertige Antriebs- und Bremssysteme
80027 44027	Metalle Köllner GmbH Altendorfer Str. 411 45143 Essen (Ruhr) Tel. 0201 627XX1 Fax 0201 627XX66	Herr Wiesel Altendorfer Str. 67 45143 Essen (Ruhr) Tel. 0201 627XX12 Spedition	Essener Stadtbank IBAN: DE62 1089 4510 0360 9235 55 BIC: SBESDEU7567	Kleinteile aus Metall (Schrauben, Unterleg-scheiben, Muttern, Anlötteile, Ausfallen-den usw.)
80030 44030	apv Augsburger Papier-veredelungsgesellschaft mbH Gumpelzhaimerstr. 3 – 5 86154 Augsburg Tel. 0821 546XX0 Fax 0821 546XX10	Frau Obermann Gumpelzhaimerstr. 3 – 5 86154 Augsburg Tel. 0821 546XX22 Bahnfracht	Vereinsbank Südost IBAN: DE28 8210 6501 0013 1956 87 BIC: VBSODEAU467	Verpackungen aus Papier und Karton
90032 44032	Cycle-Tools-Import GmbH Am Sandtorkai 30 20457 Hamburg Tel. 040 378XX1 Fax 040 378XX200	Herr Weeseler Am Sandtorkai 30 – 32 20457 Hamburg Tel. 040 378XX372 Spedition	Bankhaus Schwerzmann IBAN: DE90 0034 8452 0420 0039 89 BIC: BHSMDED1XXX	Fremdbauteile und Handelswaren aller Art für die Fahrradindustrie (Weltmarktproduktio-nen)
90034 44034	Fahrradteile International GmbH Borgwardstr. 16 28309 Bremen Tel. 0421 83XX1 Fax 0421 83XX344	Herr Itze Borgwardstr. 17 28309 Bremen Tel. 0421 83XX567 Spedition	TopBank IBAN: DE96 8945 0014 0700 9822 28 BIC: TOPBDEBW701	Fremdbauteile und Handelswaren aller Art für die Fahrradindustrie (Weltmarktproduktio-nen)

Lernsituation 0

Ein Unternehmen kennenlernen

Situation

Es ist so weit: Sie haben Ihr Praktikum bei der Fly Bike Werke GmbH begonnen. Ziel dieser Praktikumstätigkeit ist es, die Arbeitsabläufe in den verschiedenen Abteilungen des Unternehmens kennenzulernen. Frau Linden, Ihre Ansprechpartnerin, drückt Ihnen als Erstes das Organigramm (siehe Seite 13) in die Hand: „Sie müssen möglichst schnell unsere Mitarbeiter und deren Aufgaben kennenlernen", sagt sie. „Nur so können Sie unser Unternehmen als komplexes System mit seinen vielfältigen inner- und außerbetrieblichen Beziehungen und Prozessen verstehen." Dann geht Frau Linden mit Ihnen durch die Abteilungen und stellt Ihnen die Mitarbeiter der Fly Bike Werke vor. Die meisten sind sehr gesprächsfreudig und erzählen viel von ihrer Arbeit und dem Unternehmen – sehr viel. Sie hoffen, dass Sie sich das Wichtigste richtig gemerkt und aufgeschrieben haben.

Arbeitsauftrag

1 Frau Linden ist es wichtig, dass alle Praktikanten und Auszubildenden zu Beginn ihrer Tätigkeit die einzelnen Abteilungen möglichst gut kennenlernen. Dafür organisiert sie eine Betriebserkundung. Der erste Schritt besteht darin, dass die Abteilungen der Fly Bike Werke GmbH den neuen Praktikanten und Auszubildenden einige Fragen per E-Mail schicken (siehe Seite 16–18). Ihre Antworten sollen die Praktikanten und Auszubildenden zunächst per E-Mail an die Abteilungen zurücksenden. Im zweiten Schritt sollen sie gemeinsam eine übersichtliche Präsentation zur Vorstellung des Unternehmens ausarbeiten.

Tipp: Beachten Sie auch die übrigen Informationen aus der Vorstellung des Modellunternehmens auf Seite 6–15.

Von: Veruschka Linden (Fly Bike Werke GmbH)
An: alle Auszubildenden, alle Praktikanten (Fly Bike Werke GmbH)
Betreff: Betriebserkundung: Abteilung Verwaltung

Liebe Auszubildende, liebe Praktikanten,

damit Sie unser Unternehmen besser kennenlernen, bitten wir unsere neuen Auszubildenden und/oder Praktikanten, die nachfolgenden Fragestellungen zu beantworten und Ihre Antworten an uns zurückzusenden:

- Wie viele Mitarbeiter haben die Fly Bike Werke?
- Wie heißt die Geschäftsführerin der Fly Bike Werke?
- Wie hoch war der Umsatz im Berichtsjahr 20XX?
- Wie heißt das Unternehmen genau (Firma)?
- Wo wurden die Fly Bike Werke im Handelsregister eingetragen?
- Wem gehört das Unternehmen?

Mit freundlichen Grüßen

Veruschka Linden

Von: Margot Rother (Fly Bike Werke GmbH)
An: alle Auszubildenden, alle Praktikanten (Fly Bike Werke GmbH)
Betreff: Betriebserkundung: Abteilung Produktion

Liebe Auszubildende, liebe Praktikanten,

bitte beantworten Sie für einen ersten Überblick über unsere Abteilung die folgenden Fragen und senden Sie uns Ihre Antworten per E-Mail zurück.

- Wie ist das Produktionsprogramm der Fly Bike Werke GmbH zusammengesetzt?
- Aus bis zu wie vielen Einzelteilen besteht ein Fahrrad der Fly Bike Werke bei Vollausstattung?
- Welche Vorprodukte/Fremdbauteile werden in unserer Produktion gebraucht?
- Welche Rohstoffe und Hilfsstoffe werden verwendet?
- Wer leitet den Produktionsbereich?

Mit freundlichen Grüßen

Margot Rother

Von: Oliver Thüne (Fly Bike Werke GmbH)
An: alle Auszubildenden, alle Praktikanten (Fly Bike Werke GmbH)
Betreff: Betriebserkundung: Abteilung Einkauf/Logistik

Liebe Auszubildende, liebe Praktikanten,

bitte beantworten Sie für einen ersten Überblick über unsere Abteilung die folgenden Fragen und senden Sie uns Ihre Antworten per E-Mail zurück.

- Nennen Sie drei Teilehersteller, die die Fly Bike Werke beliefern.
- Wie hoch waren Materialaufwand und Wareneinsatz im Berichtsjahr und im Vorjahr?
- Welche Handelswaren und Dienstleistungen bieten wir an?
- Wer leitet den Versand?

Mit freundlichen Grüßen

Oliver Thüne

Von: Regula Gerland (Fly Bike Werke GmbH)

An: alle Auszubildenden, alle Praktikanten (Fly Bike Werke GmbH)

Betreff: Betriebserkundung: Abteilung Vertrieb

Liebe Auszubildende, liebe Praktikanten,

bitte beantworten Sie für einen ersten Überblick über unsere Abteilung die folgenden Fragen und senden Sie uns Ihre Antworten per E-Mail zurück.

- Wer gehört zu unseren Kunden in Deutschland?
- In welche Länder werden unsere Produkte sonst noch geliefert?
- Welchen Jahresbonus gewähren wir unseren Kunden bei einer Abnahme von mindestens 5 000 Fahrrädern?
- Welchen Rabatt gewähren wir bei einer Abnahme von 125 Fahrrädern?
- Was versteht man unter „Private Label“?
- Wer leitet die Vertriebsabteilung?

Mit freundlichen Grüßen

Regula Gerland

Weitere Erkundungsaufträge:

- Wann wurde die Fly Bike Werke GmbH gegründet?
- Wer hat die Fly Bike Werke GmbH gegründet?
- Wie viel Euro muss ein Fahrradfachhändler an die Fly Bike Werke GmbH bezahlen, wenn er elf Mountainbikes des Modells Unlimited kaufen will?

Preis laut Preisliste je Stück		€
Listenpreis der Gesamtmenge		€
– Rabatt laut Rabattstaffel	–	€
= Gesamtpreis ohne Umsatzsteuer	=	€
+ 19 % Umsatzsteuer	+	€
= Gesamtpreis mit Umsatzsteuer	=	€

Lernsituation 1

Praktikumsplätze beurteilen und beschreiben

FK ▸ TF 11.1 | Kap. 1.2.1

Situation

Mia Klein möchte die Fachoberschule für Wirtschaft und Verwaltung besuchen. Bei Ihrer Internetrecherche nach einem Praktikumsplatz war sie auf die nachfolgende Stellenausschreibung der Fly Bike Werke GmbH gestoßen. Sie hat sich bei der Fly Bike Werke GmbH beworben und nach einem erfolgreichen Einstellungsgespräch eine Zusage erhalten.

FLY BIKE Werke GmbH

Wir sind einer der führenden Hersteller qualitativ hochwertiger Sport- und Freizeiträder. Kundenorientierung und ein motivierendes Arbeitsklima machen uns erfolgreich. Unsere Mitarbeiter erhalten Förderung und Freiraum.

Wir suchen: Jahres-Praktikanten (m/w/d)

Ihre Aufgaben
- Bestellungen bei Lieferanten vorbereiten und durchführen
- Geschäftsvorgänge für das Rechnungswesen bearbeiten
- Anfragen bearbeiten; Kunden beraten und Angebote unter Berücksichtigung von Zahlungsbedingungen erstellen
- Besprechungen vorbereiten; Vorlagen und Berichte erstellen

Unser Angebot
- Kennenlernen verschiedener Arbeitsbereiche
- abwechslungsreiche Aufgaben
- Mitarbeit in einem jungen, sympathischen Team
- Vergütung 150,00 €/Monat

Anforderungen
- Pünktlichkeit, Zuverlässigkeit und Teamfähigkeit
- gute Kenntnisse in Deutsch und Mathematik

Kontakt
Fly Bike Werke GmbH
Herr Cem Samet
Rostocker Str. 334 Tel. 0441 885-11
26121 Oldenburg c.samet@flybike-werke.de

www.flybike-werke.de

Arbeitsaufträge

1 Vergleichen Sie die oben stehende Stellenausschreibung mit dem auf S. 25 in der Fachkunde abgebildeten Praktikumsplan. Stellen Sie wesentliche Unterschiede heraus.
2 Beschreiben Sie, welche wichtigen Aspekte eines Praktikums nicht in einem Praktikumsplan erfasst werden können.
3 Verfassen Sie für Ihren eigenen Praktikumsbetrieb eine entsprechende Stellenanzeige.

Arbeitsblatt 1.1 | Praktikumsbewertung

Methode

„Zielscheiben" ermöglichen eine schnelle Rückmeldung über gemachte Erfahrungen oder vorhandene Einstellungen. Sie helfen, sich zu positionieren und den eigenen Standpunkt zu bestimmen. Dabei werden Fragestellungen i. d. R. vorgegeben.

1 Bewerten Sie in jedem Segment der Zielscheibe, wie Sie bisher Ihr Praktikum in Bezug auf das entsprechende Kriterium einschätzen. Setzen Sie dazu ein „x" in jedem Segment. Je näher Ihr Kreuz an der Mitte liegt, desto besser beurteilen Sie Ihr Praktikum in Bezug auf den jeweiligen Aspekt.

2 Vergleichen Sie Ihre Ergebnisse mit den Ergebnissen der anderen Schüler. Die Auswertung kann z. B. erfolgen, indem die Ergebnisse aller Schüler von einem Schüler auf eine Zielscheibe übertragen werden. Dann sieht keiner, wer welches „x" gemacht hat.

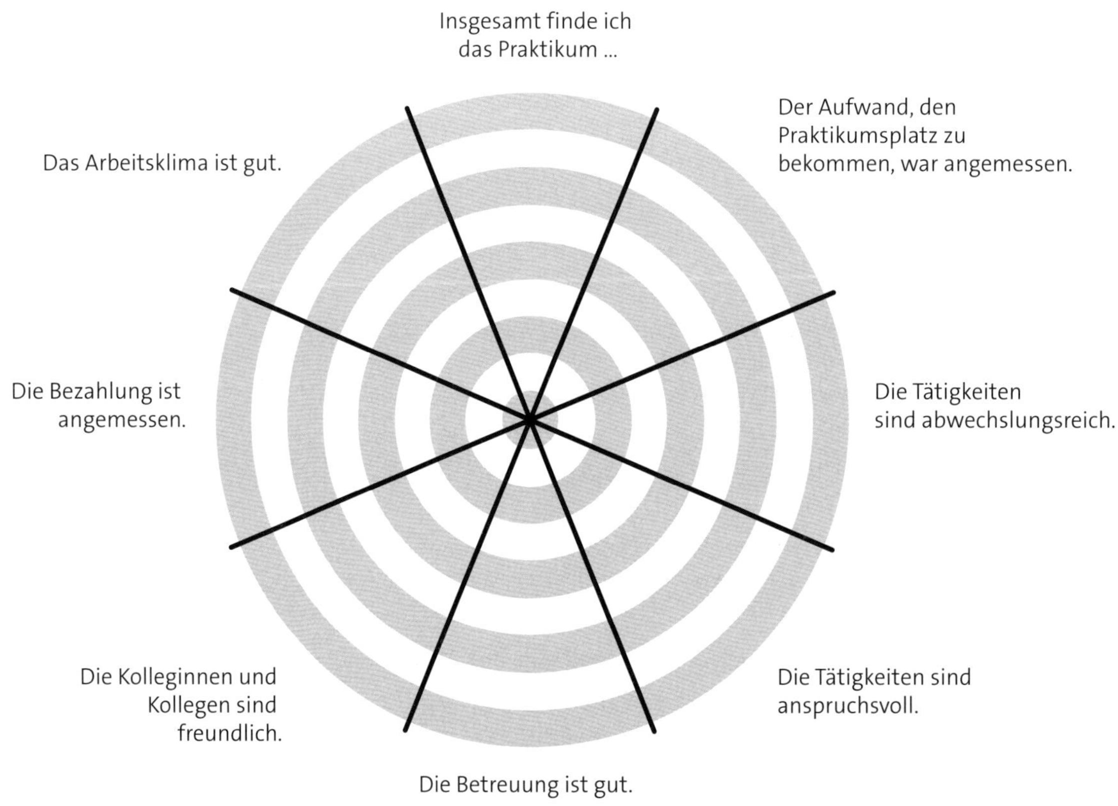

Notizen – Was mir noch wichtig ist:

Aufgaben

Aufgabe 1
Erläutern Sie, welche Anforderungen ein Praktikumsplatz gemäß der Verordnung über die Ausbildung und Abschlussprüfung an Fachoberschulen erfüllen muss.

Aufgabe 2
Nennen Sie Kriterien, die ein guter Praktikumsplatz Ihrer Meinung nach erfüllen muss.

Aufgabe 3
Deniz Özal wollte sein Praktikum im Friseursalon seines Onkels absolvieren. Doch dieser Praktikumsplatz wurde von der Schule abgelehnt. Beurteilen Sie anhand der Anforderungen aus der Verordnung für Fachoberschulen sowie Ihrer persönlichen Anforderungen an Praktikumsplätze, ob es von der Schule richtig war, den Praktikumsplatz abzulehnen.

Aufgabe 4
Betrachten Sie den unten stehenden Bericht und bearbeiten Sie die folgenden Teilaufgaben.

Mein Praktikum

Ich fahre immer mit der Bahn zu meinem Praktikum. Die Fahrt dauert furchtbar lange, da die Verbindung seer schlecht ist. Sobald ich in meinem Betrieb ankomme, muss ich zuerst die Post machen. Ich muss alle briefe öffnen und sie sortieren. Neben mir sitzt eine Kollegin – Barbara. Sie ist ganz nett und bevor ich mit der Post fertig bin, trinken wir immer einen Kaffee und unterhalten uns. Einmal hat mein SChef sich beschwert, dass die Psot erst so spät zu ihm kommt. Der soll sich nicht so anstellen, denn immerhin bekomme ich kein Geld. Nach der Post habe ich verschiedene Aufgaben. Das hängt davon ab, was mein Chef mir gerade sagt.

Manchmal muss ich eine Sitzung vorbereiten und Papier kopieren oder ich muss Dinge besorgen. Ich bin auch dafür zuständig, Briefe zu entwerfen. Die Mittagspause verbringe ich oft mit Barbara oder anderen Kollegen. Das macht Spaß.

Manchmal muss ich auch irgendwelche Akten sortieren. Das ist wirklich langweilig. So, das ist mein Praktikum.

Marcel Chaos

a Beurteilen Sie den obigen Bericht in Bezug auf seine Form.
b Beurteilen Sie den obigen Bericht in Bezug auf seinen Inhalt.
c Erläutern Sie, welche Kriterien ein guter Praktikumsbericht erfüllen muss.
d Formulieren Sie den vorliegenden Praktikumsbericht so, dass er Ihren Kriterien im Inhalt und in der Form entspricht.

Aufgabe 5
Recherchieren Sie in Ihrem Betrieb die Antworten zu folgenden Fragen:
a Was sind die Hauptttätigkeitsbereiche Ihres Praktikumsbetriebs?
b Wie heißt der Geschäftsführer?
c Wie heißen die direkten Kollegen in Ihrer Abteilung?
d Wie sind Ihre Arbeitszeiten genau geregelt?
e Welche Vorschriften gibt es für den Fall, dass Sie einmal krank werden?
f Wen müssen Sie im Falle einer Krankheit informieren?
g Wie lange vorher und bei wem müssen Sie Urlaub beantragen?
h Gibt es in Ihrem Praktikumsbetrieb einen Betriebs- oder Personalrat?
i Gibt es in Ihrem Praktikumsbetrieb eine Jugend- und Auszubildendenvertretung?
j Wer unterschreibt Ihre Praktikumsberichte und Zeitnachweise?

Rechtliche Regelungen von Praktika erläutern

FK ▶ TF 11.1 | Kap. 1.2.1 – 1.2.7

Situation

Deniz Özal geht zusammen mit Elisa Hartwig und Benny Huber in eine Klasse der Fachoberschule. Die Schüler vergleichen im Unterricht ihre Arbeitszeiten im Praktikumsbetrieb. Die 17-jährige Elisa und der 20-jährige Benny haben ihren Praktikumsvertrag mitgebracht. Darin sind u. a. die folgenden Angaben zu den Arbeitszeiten und Kündigungsfristen enthalten. Die beiden Praktikanten sind mit den Vertragsklauseln nicht zufrieden. Sie haben sogar den Verdacht, dass einige Regelungen gar nicht zulässig sind.

Für unsere Praktikanten gelten folgende Arbeitszeiten:

Montag:	08:00 – 16:30 Uhr	Pause: 10:00 – 10:15 Uhr und 12:45 – 13:15 Uhr
Dienstag:	13:00 – 22:00 Uhr	Pause: 18:00 – 19:00 Uhr
Mittwoch:	07:00 – 15:30 Uhr	Pause: 14:30 – 15:30 Uhr

Während der Urlaubszeit des Praktikumsbetreuers müssen die Praktikanten montags von 08:00 – 18:30 Uhr im Betrieb anwesend sein. Eine zehnminütige Pause darf zu jeder vollen Stunde eingelegt werden (9:00 – 9:10 Uhr, 10:00 – 10:10 Uhr usw.).

Alle acht Wochen sollen die Praktikanten auch freitags von 8:00 – 12:00 Uhr arbeiten.

Eine Kündigung durch den Praktikumsbetrieb ist jederzeit ohne Kündigungsfrist möglich. Die Praktikanten können ihr Praktikum in allen Fällen nur mit einer Kündigungsfrist von vier Wochen kündigen.

Arbeitsaufträge

1 Prüfen Sie für sowohl für Elisa als auch für Benny, welche dieser Angaben zu den Arbeitszeiten und Kündigungsfristen gegen die Bestimmungen des Jugendarbeitsschutz- und des Arbeitszeitgesetzes sowie des Bürgerlichen Gesetzbuches verstoßen.

2 Formulieren Sie eine gesetzlich zulässige Regelung von Kündigungsfristen im FOS-Praktikum.

3 Entwerfen Sie einen Plan mit gesetzlich zulässigen Arbeitszeiten, den die Praktikanten ihrem Betreuer als Vorschlag unterbreiten können. Gehen Sie auch auf die Sonderregelungen während des Urlaubs des Betreuers ein. Beachten Sie, dass die wöchentliche Arbeitszeit von 24 Stunden für Fachoberschüler eingehalten wird. Außerdem sollen die Anfangszeiten je nach Wochentag entsprechend dem Plan des Betreuers eingehalten werden.

4 Schätzen Sie ab, welche Probleme es geben könnte, wenn die beiden Praktikanten ihrem Praktikumsbetreuer diesen Vorschlag vorstellen. Begründen Sie, warum ihre Vorschläge angenommen werden sollten.

Arbeitsblatt 2.1 | Arbeitszeiten und Pausenregelungen für minder- und volljährige Praktikanten im Vergleich

Zum Schutz von Arbeitnehmern gibt es Regelungen zu Arbeits- und Ruhezeiten. Minderjährige gelten als besonders schutzbedürftig, deshalb gibt es für sie weitergehende Schutzvorschriften. Stellen Sie die Unterschiede zwischen minderjährigen und volljährigen FOS-Praktikanten dar, indem Sie die nachfolgende Tabelle ausfüllen:

	Minderjährige Praktikanten	**Volljährige Praktikanten**
Welche Rechtsquellen regeln die Arbeits- und Ruhezeiten?		
Wie lange darf an einem Tage maximal gearbeitet werden?		
Wie oft und wie lange müssen Pausen gewährt werden?		
Wie viel Freizeit muss mindestens zwischen zwei Praktikumstagen liegen?		
Wann darf ein Arbeitstag frühestens beginnen?		
Wann muss ein Arbeitstag spätestens enden?		

Lernsituation 3

Rechte als Praktikant wahrnehmen und Pflichten beachten

FK ▶ TF 11.1 | Kap. 1.2.1 – 1.2.7

Situation

Die Praktikanten Elisa Hartwig und Benny Huber möchten die Arbeitszeitenregelungen ihres Praktikumsbetriebes nicht ohne Weiteres hinnehmen, da sie nicht den gesetzlichen Mindestanforderungen entsprechen. Deswegen haben Elisa und Benny um einen Termin beim Personalchef, Herrn Mies, gebeten. Die beiden Praktikanten sind sich nicht sicher, mit welcher Strategie sie in das Gespräch mit Herrn Mies gehen sollten. Sie wollen nicht als Störenfriede dastehen. Schließlich zahlt ihnen der Praktikumsbetrieb eine monatliche Vergütung in Höhe von 200,00 Euro. Nach Meinung der Geschäftsleitung sollte dies „geringfügige Mehrbelastungen" ausgleichen. Außerdem befürchten Elisa und Benny, dass sie durch ihre Beschwerde ihren Praktikumsplatz verlieren könnten. Aber Elisa und Benny meinen, dass die Arbeitszeiten wirklich nicht in Ordnung sind. Vielleicht finden Sie ja eine Lösung ...

Rollenspiel zum Thema „Arbeitszeiten": Arbeitsaufträge und Ablauf

- Bilden Sie 4 Arbeitsgruppen. Die erste Gruppe bereitet das Gespräch aus Sicht des Personalchefs Herrn Mies vor, die zweite aus Sicht der betrieblichen Betreuerin Frau Demirel. Die Gruppen 3 und 4 bereiten das Gespräch aus Sicht von Elisa Hartwig und Benny Huber vor.
- Überlegen Sie sich in den Gruppen Ihre jeweilige Gesprächsstrategie. Denken Sie auch über die Argumente der anderen Seite nach und versuchen Sie passende Einwände zu finden. Notieren Sie diese.
- Jede Gruppe bestimmt eine Spielerin bzw. einen Spieler, die/der die jeweilige Rolle übernimmt.
- Nach 15 Minuten Vorbereitung wird das Gespräch durchgeführt. Die übrigen Gruppenmitglieder beobachten den Gesprächsverlauf und machen sich Notizen. Als Hilfe kann der Beobachtungsbogen (Arbeitsblatt 3.1) dienen.
- Anschließend werden Gesprächsverlauf und -ergebnis ausgewertet.

Wenn ein Gespräch vor der gesamten Klasse geführt wird, sind alle übrigen Klassenmitglieder Beobachter. Es besteht aber auch die Möglichkeit, mehrere Gespräche parallel im Klassenraum zu führen. Bei dieser Variante bieten sich nach Durchführung und Besprechung der gleichzeitig verlaufenden Gespräche ein anschließender Bericht vor der gesamten Klasse und ein Vergleich der unterschiedlichen Ergebnisse an.

Platz für Notizen:

Arbeitsblatt 3.1 | Beobachtungsbogen zum Rollenspiel

1 Beschreiben Sie, wie sich der Personalchef, die betriebliche Betreuerin und die Praktikanten verhalten haben.

2 Geben Sie die Argumente wieder, die der Personalchef, die betriebliche Betreuerin und die Praktikanten vorgebracht haben.

Personalchef und betriebliche Betreuerin	Praktikanten

3 Beurteilen Sie, ob das Ergebnis des Gesprächs realistisch ist.

Arbeitsblatt 3.2 | Zulässige Urlaubsansprüche

Untersuchen Sie die folgenden Urlaubsansprüche auf ihre rechtliche Zulässigkeit.

Praktikant/-in	Alter zu Beginn des Jahres, in dem das Praktikum beginnt	Urlaubsanspruch laut Praktikumsvertrag (in Praktikumstagen)	Zulässig (wenn nein, Höhe des Mindest-urlaubsanspruchs)
Susanne Klug	17	13	
Paul Schnell	18	12	
Emine Yilmaz	16	12	
Anna Schlau	18	24	
Konrad Roth	17	12	
Felix Flott	15	15	

Folgesituation

Mia Klein ist bei ihren Großeltern zu Besuch und erzählt von ihrem Betriebspraktikum: „Die Arbeit ist echt interessant und macht Spaß. Aber drei Mal die Woche spätestens um halb acht am Schreibtisch sitzen und dann erst um vier Uhr Feierabend, das ist ganz schön hart." „Aber du darfst doch sicher zwischendurch mal Pause machen, oder nicht?", wendet ihre Großmutter ein. „Klar, wir machen um neun Frühstückspause und um halb eins hörst du aus allen Büros nur noch ‚Mahlzeit'! Dann sind alle ruck zuck in der Kantine verschwunden."
Mias Großvater schmunzelt und öffnet den Wohnzimmerschrank, aus dem er einen alten Aktenordner hervorholt. Nach kurzem Suchen reicht er Mia ein schon ziemlich vergilbtes Blatt. „Hier, schau mal, Mia! Das ist mein erster Arbeitsvertrag nach der Lehre."
Mia ist sprachlos: „Und das durfte man damals so machen?" „Tja", entgegnet ihr Großvater, „damals schon."

Arbeitsvertrag

Die Norddeutsche Wollfabriken AG, Am Turbinenhaus 20, 2774 Delmenhorst und Herr Wilhelm Klein, Landstr. 24, 2777 Ganderkesee schließen folgenden Arbeitsvertrag:

1. Herr Wilhelm Klein, geb. 15. 10. 1948 tritt zum 01. 07. 1965 seine Stelle als Betriebsschlosser in unserem Hause an. Der Arbeitsvertrag wird unbefristet geschlossen.
2. Die Arbeitszeit beträgt wöchentlich 45 Stunden, montags bis freitags von 07.00 bis 12.00 und 13.00 bis 17.00 Uhr. Bei Bedarf ist Mehrarbeit zu leisten.
3. Der Lohnanspruch beträgt 725,00 Deutsche Mark brutto im Monat.
4. Das Beschäftigungsverhältnis kann jederzeit mit einer Frist von 2 Wochen gekündigt werden. Die Kündigung muß schriftlich erfolgen.
5. Für die ersten 6 Monate der Beschäftigung wird eine Probezeit vereinbart. In dieser kann das Beschäftigungsverhältnis täglich zum Schichtende gekündigt werden.
6. Nach durchgängig 6-monatiger Beschäftigung besteht ein Anspruch auf Urlaub. Der Urlaubsanspruch beträgt 14 Arbeitstage für 1 Jahr Arbeitsleistung. Ein weitergehender Urlaubsanspruch besteht nicht.
7. Herr Klein verpflichtet sich, über Betriebsgeheimnisse strengstes Stillschweigen zu bewahren. Weiterhin verpflichtet sich Herr Klein, den Betriebsfrieden zu wahren, insbesondere während der Arbeit politische Äußerungen oder sonstige politische Handlungen jeder Art zu unterlassen.

Arbeitgeber:
Norddeutsche Wollfabriken AG

ppa. J. Hoffmann

Arbeitnehmer:

Wilhelm Klein

Delmenhorst, den 12. 06. 1965

Arbeitsauftrag

Prüfen Sie, welche der im Arbeitsvertrag vereinbarten Regelungen heute noch zulässig wären und welche nicht. Korrigieren Sie nicht zulässige Regelungen nach geltendem Recht.

Aufgaben

Aufgabe 1
Lisa Werner ist seit drei Monaten in ihrem Praktikumsbetrieb. Ihr Praktikumsplan sieht vor, dass sie die Abteilungen Rechnungswesen, Personal und Vertrieb kennenlernen soll. Allerdings wurde sie bis jetzt nur zum Kopieren, zum Ablegen von Akten und zum Kaffeekochen eingesetzt. Lisa ist unzufrieden. Deswegen möchte sie kündigen und ihr Praktikum in einem anderen Unternehmen fortsetzen.

a Geben Sie an, gegen welche Pflicht der Praktikumsbetrieb verstößt.
b Stellen Sie die Alternativen dar, die Lisa in dieser Situation zu einer Kündigung hat.
c Geben Sie an, was Lisa vor einer Kündigung beachten muss.

Aufgabe 2
Nina Schröders Praktikumstage sind der Montag, der Dienstag und der Mittwoch.

a Ermitteln Sie, wie viele Urlaubstage Nina Schröder nehmen muss, wenn sie die gesamte zweite Osterferienwoche frei haben möchte. Die Woche hat vier Arbeitstage (Dienstag bis Freitag), da der Ostermontag in diese Woche fällt.
b Geben Sie an, wie viele Urlaubstage Nina Schröder nehmen muss, wenn sie nach einem Feiertag (Donnerstag) den Freitag (beweglicher Ferientag) frei haben möchte.

Aufgabe 3
Prüfen Sie, ob die nachfolgend beschriebenen Kündigungen rechtlich zulässig sind. Wenn ja, geben Sie das Datum an, zu dem das Praktikum endet. Begründen Sie jeweils Ihre Antwort.

a Daniels Praktikumsbetrieb kündigt ihm am 15.11., weil er bei einem Diebstahl von Betriebseigentum erwischt wurde.
b Volkan kündigt am 02.09. seinen Praktikumsvertrag, da er eine Berufsausbildung beginnt.
c Carinas Kündigung erreicht den Betrieb am 15.08. Kündigungsgrund: Sie hat den ersehnten Ausbildungsplatz doch noch erhalten.
d Der Betrieb von Ebru kündigt ihr am 03.12., weil der Praktikumsleiter keine Zeit zur Betreuung hat.

Aufgabe 4
Der Allgemeine Kündigungsschutz besagt, dass die fristgerechte Kündigung von Arbeitnehmern nur aus betriebs-, personen- oder verhaltensbedingten Gründen zulässig ist. Nennen Sie die jeweiligen Kündigungsgründe in den folgenden Fällen.

a Verena Seidel ist Bäckerin. Sie bekommt eine Mehlallergie und kann den Beruf nicht mehr ausüben.
b Die Kassiererin Ute Maier wird entlassen, weil sie Geld aus der Kasse für den Kauf einer neuen Hose entwendet hat.
c Ihr Kollege Lars Hartmann wird entlassen, da wegen anhaltend sinkender Kundenzahlen weniger Kassen geöffnet sind.
d Uschi Ehrlich meldet sich mehrfach nicht rechtzeitig krank.

Aufgabe 5
Arbeitnehmer müssen gesetzlich festgelegte Ruhezeiten einhalten. Ermitteln Sie, wann der Einsatz einer Praktikantin/eines Praktikanten spätestens beendet sein muss, wenn am nächsten Morgen um 8:00 Uhr der Schulunterricht beginnt. Berücksichtigen Sie dabei die Rolle, die das Alter einer Praktikantin/eines Praktikanten bei der Feststellung der Ruhezeit spielt.

Aufgabe 6
Überprüfen Sie in Kleingruppen Ihre Praktikumsverträge auf die Richtigkeit des Urlaubsanspruchs.

Aufgabe 7
Der Praktikant Thorsten Müller arbeitet in den beiden Herbstferienwochen und in der letzten Woche der Weihnachtsferien jeweils an fünf Tagen. Geben Sie an,

a um wie viele Tage sich sein Urlaubsanspruch erhöht.
b wann er diese Urlaubstage nehmen kann.

Aufgabe 8
Nennen Sie jeweils das Gesetz, in dem Sie Regelungen zu den folgenden Punkten finden:

a Urlaubsansprüche für minderjährige Praktikanten und Auszubildende
b zulässige Kündigungsgründe gemäß Allgemeinem Kündigungsschutz
c Kündigungsfristen für Arbeitnehmer und Praktikanten
d Urlaubsansprüche für volljährige Praktikanten
e Arbeitszeiten für minderjährige Praktikanten
f Arbeitszeiten für volljährige Praktikanten

Aufgabe 9
Begründen Sie, warum es Gesetze zum Schutz von Arbeitnehmern gibt.

Aufgabe 10
Stellen Sie dar, wie sich ein Praktikant gegenüber Betrieb und Schule verhalten muss, wenn er eine Woche lang (von Montag bis Freitag) krank ist.

Datenschutz sicherstellen

FK ▶ TF 11.1 | Kap. 1.3

Situation

Die Fly Bike Werke GmbH hat ein Gewinnspiel über 10 Luxus-Trekking-Räder veranstaltet. Die Teilnahme konnte per Postkarte oder per Internet erfolgen. Insgesamt sind per Post über 5 000 Gewinnspielkarten eingegangen. Die Praktikantin Mia hat aus den Postkarten fünf Gewinner gezogen. Nun soll sie die Gewinner per Brief informieren und die Daten aller Teilnehmer für weitere Werbemaßnahmen erfassen. Die Mitarbeiterin im Marketing, Frau Dioli, weist Mia darauf hin, dass in jedem Einzelfall die Bestimmungen des Datenschutzgesetzes beachtet werden sollen. Hier ist die Karte eines Gewinners, Marco Bremer.

Gewinnen Sie das Fly Bike Trekking-Fahrrad!

Aufsteigen, losradeln, Spaß haben: Endlich startet wieder die Fahrrad-Saison!
Wir verlosen **10 Luxus-Trekking-Räder im Gesamtwert von rund 14.000,00 €.**
Die Fahrräder werden speziell an die Gewinner angepasst!
Jedes der Alu-Hohlrahmen-Räder mit Straßenzulassung hat einen **Wert von 1.399,00 €** und ist mit super Extras ausgestattet.

Name	Marco Bremer	Geburtsdatum	08.07.1976
Straße	Alleenring 18	Körpergröße	1,80
		Gewicht	105 kg
Postleitzahl	61118	Stadt	Bad Vilbel
Land	Deutschland	Machen Sie häufig längere Fahrradtouren?	Ja ☐ Nein ☒
E-Mail	marco.bremer@t-online.dex		

☐ Ja, ich akzeptiere die Teilnahmebedingungen und bin damit einverstanden, dass ich per E-Mail und auf dem Postweg über interessante Angebote der Fly Bike Werke informiert werde. Dieses Einverständnis kann ich jederzeit mit Wirkung für die Zukunft widerrufen.

Arbeitsaufträge

1 Entscheiden Sie jeweils, ob die folgenden weiteren Nutzungsmöglichkeiten der Informationen von der Postkarte nach dem Bundesdatenschutzgesetz zulässig sind. Begründen Sie Ihre Entscheidung.

a Marco Bremer hat eines der Fahrräder gewonnen. Mia schreibt ihm eine Benachrichtigung per E-Mail.

b Mia gibt Marco Bremers Körpergröße und Gewicht dem Verkaufsmitarbeiter durch, damit er ein in der Größe passendes Fahrrad aussucht.

c Nachdem Mia Marco Bremers Daten für das Gewinnspiel erfasst hat, möchte die Marketing-Abteilung ihn regelmäßig über neue Produkte und Fahrradzubehör informieren.

d Eine Fitness-Studio-Kette hat Interesse an den gesammelten Daten und wäre bereit, für die Daten 1.000,00 Euro zu zahlen.

Arbeitsblatt 4.1 | Datenschutz

Das Bundesdatenschutzgesetz regelt die Erhebung, Verarbeitung und Nutzung personenbezogener Daten.

Prinzipien:						

Erläuterungen:						
Die Erhebung und Nutzung ist nur gestattet, wenn: • • •		• •	• Berichtigung: • Löschung:	• •		

Beispiele:						

Folgesituation

Herr Sales kommt völlig aufgelöst ins Büro seiner Kollegin Frau Dioli gestürmt. Er hält eine ausgedruckte E-Mail in der Hand und ist ratlos: „Was soll ich jetzt machen?! Ich würde mir niemals Kinderpornos ansehen und schon gar nicht über das Internet verbreiten! Der Computer ist gesperrt und ich muss noch dringend einige Anfragen an Agenturen versenden!"

Frau Dioli beruhigt ihn: „Jan, jetzt reg dich nicht auf. Zeig mir mal die Mail."

Herr Sales reicht Frau Dioli den Ausdruck.

Frau Dioli liest die Mail und gibt sie Herrn Sales zurück: „Tja, da bist du wohl Computer-Kriminellen aufgesessen. Das scheint mir ein Fall für unseren Datenschutzbeauftragten Herrn Samet zu sein."

Von: bundespolizei@komissariat-12.dex
An: j.sales@flybike-werke.dex
Betreff: Ihr Computer wurde gesperrt!

Sehr geehrter Herr Sales,

von Ihrem Computer aus wurden Seiten mit kinderpornografischen Inhalten über das Internet verbreitet. Daher wurde Ihr Computer gesperrt.

Um diese Sperre des Computers aufzuheben, sind Sie verpflichtet, eine Strafe von 100 € zu zahlen. Bitte führen Sie die Überweisung per Paysafecard durch. Bitte geben Sie hier Ihren erworbenen Code ein und drücken Sie anschließend auf OK. (Sollte das System einen Fehler melden, dann öffnen Sie bitte den Anhang.)

100 € Paysafecard Code: OK

Falls Sie der Zahlung nicht nachkommen, dann wird die Festplatte Ihres PCs gelöscht.

Mit freundlichen Grüßen

Manfred Müller

Bundespolizei

Herr Samet, der gleich herbeigerufen wurde: „Herr Sales, machen Sie sich mal keine Sorgen. Eigentlich sollten solche E-Mails das Sicherheitssystem der Fly Bike Werke GmbH gar nicht überwinden, aber es kommt immer wieder mal vor, dass sich eine durchmogelt. Und Sie sind bestimmt nicht der Einzige, der schon einmal eine solche Mail bekommen hat. Schicken Sie ruhig alle Mails, die Ihnen merkwürdig vorkommen, an mich weiter oder rufen Sie mich gleich an. Hier handelt es sich bestimmt um einen Fall von Internetbetrug."

Herr Sales hat Zweifel: „Sind Sie sicher? Der Absender ist doch die Bundespolizei!"

Herr Samet: „Das sollen Sie glauben! Aber es gibt eindeutige Hinweise, dass diese Mail nicht von der Polizei stammt. Eben gerade habe ich einen interessanten Text zu solchen Betrügereien und allgemein zum Thema Internetsicherheit eingescannt. Gerne schicke ich den im Mailverteiler an Sie und alle Kolleginnen und Kollegen. Ich warne dann gleich alle, dass zurzeit wieder mal Cyber-Kriminelle ihr Unwesen treiben, und erläutere, wie man sich vor ihnen schützen kann."

Arbeitsaufträge

1 Wie bewerten Sie die E-Mail an Herrn Sales? Welche Anzeichen gibt es, dass es sich hier um einen Betrugsversuch handelt? Erstellen Sie eine Liste mit allem, was Ihnen an der Mail auffällt.

2 Werten Sie das nachfolgende Interview zu diesem Thema aus. Nutzen Sie zur Darstellung Ihrer Ergebnisse das Arbeitsblatt 4.2. Recherchieren Sie gegebenenfalls Ihnen unbekannte Begriffe im Internet (z. B. www.bsi-fuer-buerger.de, www.klicksafe.de).

Viren, Würmer und Trojaner – Immer mehr Gefahren rund ums Internet

Interview mit Herbert Rößler, einem Experten für Internetsicherheit, über die Gefahren rund um das Internet und wie Sie sich am besten schützen können.

Herr Rößler, es wird vor vielen Gefahren gewarnt – Viren, Würmer, Trojaner ... Gibt es da überhaupt Unterschiede?

Rößler: Allerdings. Ein Virus ist ein Computerprogramm, das sich in andere Computerprogramme einschleust und sich selbst vermehrt. Man kann es sich so vorstellen: Ein Grippeerreger schwächt den Menschen, ein Computervirus die IT-Umgebung eines Betriebs. Viren sind ausführbare Codes, also kleine Programme. Sie können harmlos sein, aber auch sehr gefährlich. Je nach Art können sie Software, Betriebssystem oder Hardware manipulieren und zu mehr oder minder gravierenden Störungen führen. Sie verursachen jährlich Schäden in Milliardenhöhe. Ein Wurm ähnelt in vielerlei Hinsicht einem Virus, breitet sich allerdings, nachdem er einmal ausgeführt wurde, selbstständig über Netzwerke oder Wechselmedien (wie z. B. USB-Sticks) aus. Er verbraucht Ressourcen auf dem infizierten Computer und überlastet Programme. Der PC arbeitet dann insgesamt wesentlich langsamer. Würmer können auch Veränderungen am System vornehmen, ohne dass der Anwender sie bemerkt. Somit kann er sie auch nicht kontrollieren. Würmer entstanden zeitlich nach den Viren und verursachen heute durch ihre größere Aggressivität deutlich mehr Schäden und Kosten als Viren. Mit dem Namen trojanisches Pferd werden Programme bezeichnet, die nur vordergründig nützlich sind, im Hintergrund aber versteckte Funktionen ausführen, beispielsweise Passwörter ausspionieren. Häufig tarnen sich Würmer in Form von Trojanern, z. B. als „Wichtiges_Dokument.exe", damit der Nutzer die Datei auch öffnet.

Wie verbreiten sich denn Viren, Trojaner oder Würmer?

Rößler: Viren verbreiten sich meist über E-Mail-Anhänge, Würmer über Netzwerke. Im Wurm selbst finden sich häufig wiederum andere Schaddateien wie Viren. Webseiten und Internettauschbörsen und USB-Sticks sind häufig gefährdet.

Wie kann man sich Ihrer Meinung nach am besten schützen?

Rößler: Naja. Wie immer gilt: Vorsicht ist besser als Nachsicht. Darum aktualisieren Sie Ihre Programme regelmäßig und halten Sie mit Updates ihr Betriebssystem immer auf dem neuesten Stand. Eine große Gefahr besteht auch, wenn man für verschiedene Dienste, wie E-Mail, eBay oder Amazon-Konten das gleiche einfache Passwort wählt. Daher verwenden Sie unterschiedliche Passwörter und ändern Sie sie regelmäßig. Ein Passwort sollte aus mindestens acht Zeichen bestehen und keine Namen enthalten. Am sichersten sind Passwörter, die sowohl groß- und kleingeschriebene Buchstaben als auch Ziffern und Sonderzeichen (?!%+€@) enthalten.

Das hört sich aber kompliziert an. Wie kann man sich denn solche Passwörter merken?

Rößler: Am einfachsten kann man sich ein Passwort merken, indem man sich einen Satz oder eine Geschichte dazu ausdenkt bzw. indem man das Passwort passend zur Geschichte wählt. Ein mögliches Passwort könnte z. B. sein: InmCjMu8U@H. Es besteht aus großen und kleinen Buchstaben, Ziffern und mit dem „@" sogar aus einem Sonderzeichen. Und der Satz, mit dem ich mir das komplizierte Passwort merken kann, könnte zum Beispiel lauten: „Ich nutze meinen Computer jeden Morgen um 8 Uhr @ Home". Nicht schwer, oder?

Was ist mit einer Firewall? Wie schützt sie das System?

Rößler: Eine Firewall ist ein aus Hardware- und Software bestehendes Schutzsystem, das es erlaubt, ungefährdet aus dem betrieblichen oder privaten Computernetz (LAN) auf das öffentliche Netz zuzugreifen. Häufig ist in einem Router bereits eine Firewall eingerichtet. Ab Windows 7 steht automatisch eine „Personal Firewall" zur Verfügung. Achten Sie darauf, dass Sie diese Firewall in den Systemeinstellungen nicht deaktivieren (abschalten).

Was halten sie von Virenscannern? Und was mache ich, wenn ich mir trotzdem ein Schadprogramm eingefangen habe?

Rößler: Virenscanner sind eine wunderbare Erfindung, um sich vor Viren, Würmern und Trojanern zu schützen! Allerdings nur dann, wenn sie regelmäßig aktualisiert werden. Außerdem sollte man mit dem Virenscanner regelmäßig alle Verzeichnisse überprüfen, um ggf. bereits infizierte Dateien zu finden und zu entfernen. Wenn sich Schadprogramme auf einem Computer eingenistet haben, ist es oft schwierig, sie wieder vollständig zu entfernen. Virenscanner erkennen die Schadsoftware zwar häufig, sie können sie aber oft nicht vollständig entfernen. Nachdem das Schadprogramm identifiziert ist, kann man z. B. mit einem anderen, nicht infizierten Computer im Internet nach Informationen zu diesem Schadprogramm suchen. Recherchieren Sie auf vertrauenswürdigen Seiten nach einer Lösung (wie z. B. den Bürger-Seiten des Bundesamts für Sicherheit in der Informationstechnik www.buerger-cert.de und https://www.bsi-fuerbuerger. de). Häufig kann man mithilfe von speziellen bootfähigen CDs (erhältlich bei den Herstellern von Anti- Viren-Software) den PC ohne Windows starten und die Schadsoftware entfernen. Danach sollte man den PC erneut mit einem Virenscanner überprüfen. Ist der PC immer noch infiziert, muss er häufig komplett neu aufgesetzt werden. Sollte Ihnen das alles zu kompliziert klingen, dann scheuen Sie sich nicht, professionelle Hilfe in Anspruch zu nehmen.

Aber mein Handy kann doch keinen Virus bekommen, oder?

Rößler: Die meisten mobilen Geräte wie z. B. Smartphones und Tablets sind „kleine Computer" und mit einer Internetverbindung ausgestattet. Daher sind sie zunehmend auch Ziele von SMS-Trojanern, Werbeprogrammen und anderen Schadprogrammen, wie z. B. Programmen, die SMS abfangen, die mTANs für das Online-Banking enthalten. Bei mobilen Geräten gilt besonders: Gehen Sie sorgfältig mit Ihren Zugangsdaten um. Deaktivieren Sie drahtlose Schnittstellen, wie WLAN und Bluetooth, wenn Sie sie nicht benötigen. Nutzen Sie öffentliche Hotspots (WLAN-Zugang z. B. in Cafés) mit besonderer Vorsicht. Installieren Sie Apps nur aus vertrauenswürdigen Quellen und seien Sie vorsichtig bei der Gewährung von Rechten. Führen Sie regelmäßig Sicherheitsupdates durch. Auch Virenschutzprogramme können helfen, Ihre mobilen Geräte zu schützen.

Neben den bekannten Schadprogrammen, den Viren, Würmern oder Trojanern, gibt es noch eine Vielzahl von weiteren Möglichkeiten, Unternehmen oder Privatpersonen durch Internetbetrug zu schädigen. Welche Betrugsmaschen gibt es und wie kann man sich am besten schützen?

Rößler: Zum Beispiel versuchen Kriminelle mithilfe von Schadsoftware den Computer lahmzulegen und von dem Nutzer ein Lösegeld zu erpressen. Hierzu gehört z. B. der BKA-Trojaner: Der Empfänger erhält eine Mail mit dem Logo des Bundeskriminalamtes oder der Bundespolizei. Es wird ihm vorgeworfen, kinderpornografische Inhalte verbreitet, also eine Straftat begangen zu haben. In der E-Mail wird mitgeteilt, dass der Empfänger eine Strafgebühr per Prepaidkarte bezahlen soll, um den PC zu entsperren. Das Sperren des Computers erfolgt dann durch einen Trojaner, der sich auf dem PC installiert, sobald ein Anhang der E-Mail geöffnet oder auf den Link geklickt wird. Besonders problematisch ist, dass neben dem Schadprogramm auch tatsächlich echte kinderpornografische Bilder auf dem Rechner verbreitet werden. Sollten Sie von einer solchen Erpressung betroffen sein, dann sollten Sie auf keinen Fall auf den Erpressungsversuch eingehen und den Betrag bezahlen, sondern die Polizei über die versuchte Erpressung informieren.

Woran kann ich erkennen, ob ein E-Mail-Anhang schädlich ist?

Rößler: Das ist nicht immer einfach. Ein Beispiel: Sie haben ein Bild im Anhang. Das Bild heißt foto.jpg. Völlig harmlos. Denken Sie. Dahinter versteckt sich aber ein Virus. Das sehen Sie, wenn Sie sich den ganzen Namen anschauen: Bild.jpg.vbs. Bei der Endung .vbs oder .exe wäre ich vorsichtig. Wenn Sie das vermeintlich harmlose Bild öffnen, installiert sich stattdessen ein schädliches Programm im Hintergrund. Außerdem sollten Sie bei E-Mails hellhörig werden, in denen Sie aufgefordert werden, auf einen Link zu klicken und anschließend Ihre Zugangsdaten wie Benutzernamen und Passwörter einzugeben. Diese E-Mails werden Phishing-Mails genannt. Klickt der Nutzer auf den Link, gelangt er z. B. nicht auf die echte Seite seiner Bank oder seines E-Mail-Anbieters, sondern auf eine von Internetbetrügern nachgebaute Internetseite. Der Nutzer gibt dort seine persönlichen Daten ein und die Betrüger haben ab sofort Zugriff auf Bankkonto oder E-Mail-Postfächer. Man sollte also nur auf Verlinkungen klicken, deren Absender vertrauenswürdig ist. Bei unbekannten Absendern oder ungewöhnlichen Absendern gilt: Erst den Inhalt scannen, dann den Inhalt öffnen.

Noch ein anderes Thema: In sozialen Netzwerken kommt es immer wieder zu Cyber-Mobbing-Attacken. Eben noch die große Liebe wird die Exfreundin kurze Zeit später verbal oder auch mit zweideutigen Bildern angegriffen. Oder der Täter nutzt ein Pseudonym, um seinen Opfern zum Beispiel Homosexualität vorzuwerfen und sie damit zu attackieren. Tausende andere Nutzer können die Angriffe verfolgen und kommentieren. Was raten Sie Opfern von Cyber-Mobbing und wie kann man sich davor schützen?

Rößler: Zunächst sollten Sie nicht auf die Attacken reagieren, um die Täter nicht zu provozieren. Vertrauen Sie sich Freunden an, um nicht allein mit der Situation fertigwerden zu müssen. Sammeln Sie Beweismaterial, um ggf. Anzeige erstatten zu können. Außerdem können Sie z. B. Benutzer, die Sie belästigen oder beleidigen „blockieren" oder „entfernen". Diese können dann Ihre Einträge nicht mehr mit „gefällt mir" markieren oder kommentieren. Wenn das alles nichts hilft, dann löschen Sie notfalls Ihren Account auf der betreffenden Plattform. Zum Schutz vor Mobbingattacken sollte man möglichst wenig persönliche Daten preisgeben. Außerdem sollte man sich überlegen, welche Fotos oder Videos man postet, um möglichst keine Angriffspunkte für negative Beiträge zu bieten. So gehören z. B. Fotos in Badekleidung nicht ins Internet. Überprüfen Sie regelmäßig ihre Privatsphären- sowie Kontoeinstellungen in sozialen Netzwerken.

In letzter Zeit liest man häufig, dass Konten in sozialen Netzwerken oder E-Mail-Konten von Hackern „gekapert" – also von unberechtigten Dritten missbraucht – werden. Wie kann man sich hiervor schützen?

Rößler: Auch hier gilt wieder: Verwenden Sie auf unterschiedlichen Seiten auch unterschiedliche und sichere Passwörter. Sichern Sie Ihre Accounts außerdem über die Sicherheitseinstellungen, indem Sie z. B. Anmeldebenachrichtigungen aktivieren. Wenn Ihr Account z. B. von einem bisher nicht verwendeten Gerät geöffnet wird, dann erhalten Sie eine Benachrichtigungsmail.

Arbeitsblatt 4.2 | Bedrohungen im Internet und Schutzmaßnahmen

Bedrohung	Erklärung	Schutzmaßnahmen	Mögliche Reaktionen bei Infektion / Erste Hilfe
Viren			
Würmer			
Trojaner / trojanische Pferde			
Schadsoftware in mobilen Endgeräten			

Bedrohung	Erklärung	Schutzmaßnahmen	Mögliche Reaktionen bei Infektion / Erste Hilfe
Digitale Erpressung			
Phishing			
Cyber-Mobbing			

Aufgaben

Aufgabe 1
Beschreiben Sie in der unten stehenden Tabelle drei mögliche Gefahren für die Sicherheit von digitalen Daten und erläutern Sie, welche Möglichkeit bzw. Möglichkeiten es jeweils gibt, die Sicherheit der Daten zu erhöhen.

Aufgabe 2
Der Einfallsreichtum bei Zugangspasswörtern ist häufig nicht sehr groß. Viele nehmen auch ein Passwort für alle ihre privaten und geschäftlichen Anwendungen. Erläutern Sie, welche Kriterien ein „sicheres“ Passwort erfüllen sollte.

Gefährdung der Datensicherheit durch:	Höhere Datensicherheit durch:
Beispiel: Zugriff Unberechtigter, die Geheimnisse „ausspähen“, auf Ihre Daten	Beispiel: Zugangskontrollen einführen, z. B. ein sicheres Passwort vergeben und Schreibtische oder Schränke mit personenbezogenen Daten verschließen
1 ______ ______	______ ______
2 ______ ______	______ ______
3 ______ ______	______ ______

Aufgabe 3
Beurteilen Sie, ob das in den folgenden Fällen beschriebene Verhalten aus Sicht des Datenschutzes zulässig ist.

a Eine Mitarbeiterin hat beim Ausdruck der Gehaltsabrechnungen der Mitarbeiter das Papier falsch in den Drucker eingelegt. Die unbrauchbaren Ausdrucke wirft sie in den Papierkorb neben dem Drucker, der für alle frei zugänglich ist.

b Einige Mitarbeiter haben durch den Fehler einer Sachbearbeiterin Informationen über die Gehälter der Kollegen erhalten. Der Chef musste daraufhin zwei Mitarbeiterinnen besser bezahlen als vorher. Er droht der Sachbearbeiterin mit einer Kündigung, wenn sie solche Daten zukünftig nicht besser schützt.

c Die Internetnutzung der Mitarbeiter in einer Firma wird protokolliert. Die Mitarbeiter wissen davon nichts.

d Die Internetnutzung der Mitarbeiter in einer Firma wird protokolliert. Die Mitarbeiter wissen darüber Bescheid und haben hierzu bei der Einstellung ihr Einverständnis erklärt.

Aufgabe 4
Zunehmend geben Firmen im Internet Auskünfte über ihren Umgang mit Kundendaten. Erläutern Sie, welche Folgen es für ein Unternehmen haben kann, wenn Konsumenten diesem beim Umgang mit persönlichen Daten nicht vertrauen. Skizzieren Sie zwei Lösungsansätze für die betroffenen Unternehmen.

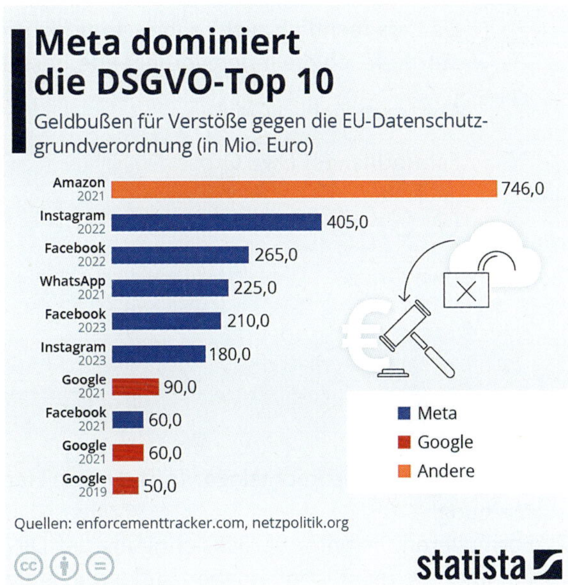

Lernsituation 5

Rechtsgeschäfte wirksam abschließen

FK ▶ TF 11.1 | Kap. 3.1 – 3.3

Situation

Die Praktikantin Mia Klein arbeitet seit drei Wochen in der Vertriebsabteilung der Fly Bike Werke GmbH. Unter Anleitung ihres betrieblichen Betreuers Herrn Baumann hat sie bereits gelernt, wie man Anfragen von Kunden bearbeitet und Angebote erstellt. Gerade kommt Herr Baumann zu ihr. „Schau mal Mia, was heute morgen in der Post war!" Sichtlich amüsiert überreicht Herr Baumann ihr den folgenden Brief:

Fahrradhandel
Uwe Gross e. K.

Uwe Gross e. K. • Am Wasserturm 4 • 66113 Saarbrücken

Fly Bike Werke GmbH
Rostocker Str. 334
26121 Oldenburg

Posteingang:
19.10.20XX

Ihr Zeichen, Ihre Nachricht vom	Unser Zeichen, unsere Nachricht	Telefon, Name	Datum
	ti-ps	0681 685XX1 Uwe Gross	18. 10. 20XX

Stornierung der Bestellung vom 12. Oktober 20XX

Sehr geehrte Damen und Herren,

die von mir am 12. Oktober 20XX an Sie gefaxte Bestellung über 200 City-Räder Modell 102 möchte ich mit diesem Schreiben stornieren. Wie mir erst gestern bekannt wurde, ist sowohl das mir zugesandte Angebot als auch die Auftragsbestätigung von Ihrer minderjährigen Praktikantin angefertigt und unterschrieben worden.

Da dies rechtlich nicht zulässig und kaufmännisch in meinen Augen höchst bedenklich ist, storniere ich die Ihnen vorliegende Bestellung.

Mit freundlichen Grüßen

Fahrradhandel Uwe Gross

U. Gross

Uwe Gross

Arbeitsauftrag

1 Überprüfen Sie die Rechtslage. Trifft die von Herrn Gross aufgestellte Behauptung zu? Begründen Sie Ihre Meinung.

2 Formulieren Sie unter Berücksichtigung der DIN 5008 ein Antwortschreiben an den Kunden, in dem Sie ihn über die rechtliche Situation aufklären. Nutzen Sie den Briefvordruck auf der nächsten Seite.

FLY BIKE Werke GmbH

FBW GmbH • Rostocker Str. 334 • 26121 Oldenburg

Ihr Zeichen, Ihre Nachricht vom	Unser Zeichen, unsere Naricht vom	Telefon, Name	Datum

Geschäftsführerin	Bankverbindung	Oldenburg-Bank	Fax	Finanzamt 2364
Ewa Nowak	Bank 3000 Oldenburg	IBAN: DE86 2804 0114	0441 8XX-9211	Oldenburg
HR Oldenburg B 2134	IBAN: DE67 3707 5020	0112 3264 44	E-Mail	Steuer-Nr. 112/8870/0057
	2114 2536 66	BIC: OLBADEOL261	mail@flybike-werke.dex	USt-ID-Nr. DE 236667691
	BIC: 3000DENIXXX			

Arbeitsblatt 5.1 | Geschäftsfähigkeit

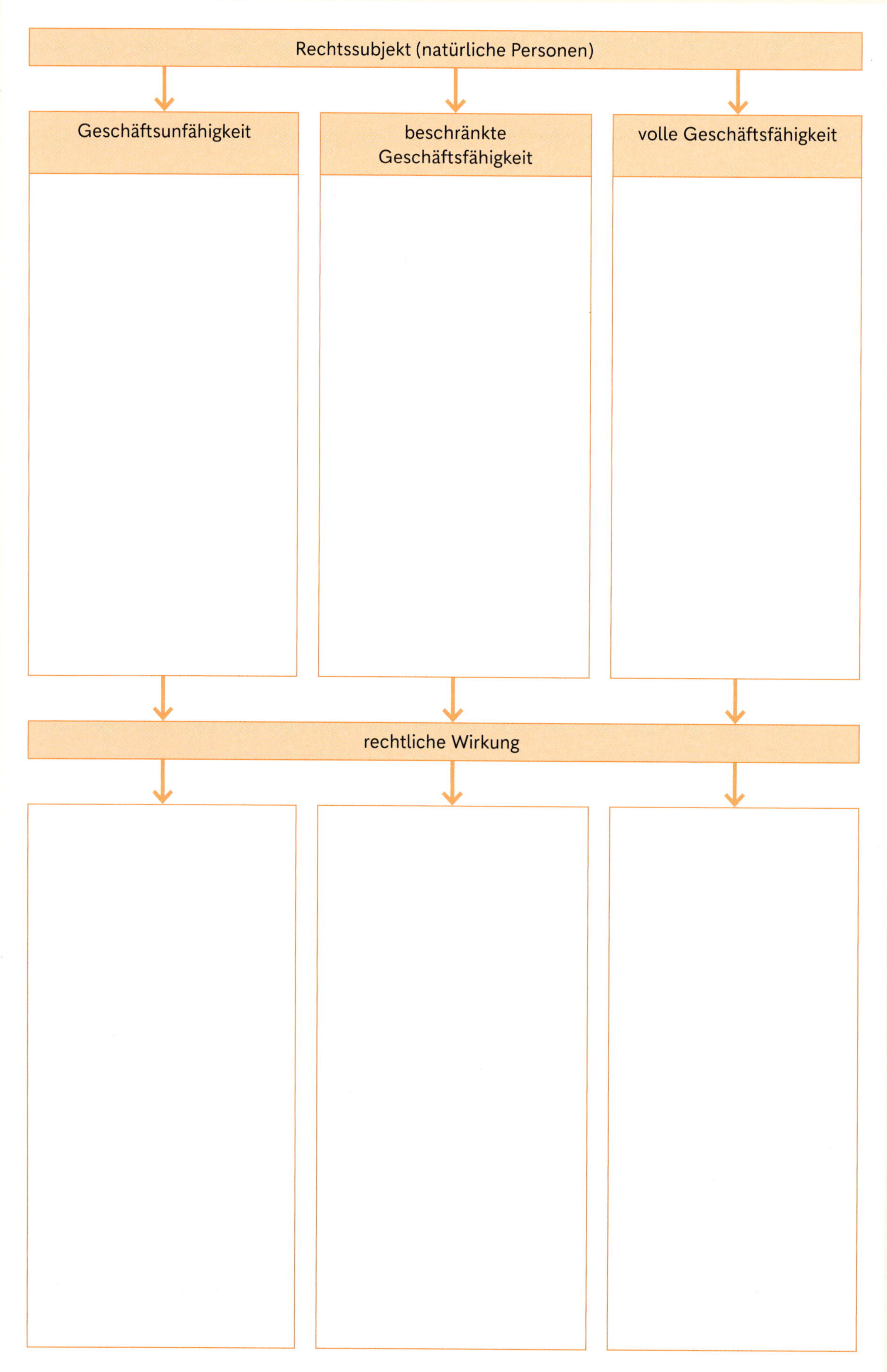

Aufgaben

Aufgabe 1
Kann der beschränkt Geschäftsfähige in folgenden Fällen nur mit einer Zustimmung des gesetzlichen Vertreters Geschäfte abschließen? Begründen Sie anhand des Gesetzes.

		ja	nein
a	Ein Jugendlicher erwirbt von seinem Taschengeld eine Blu-Ray-Disk.		
b	Ein Jugendlicher nimmt eine Schenkung an, die ihn zu nichts verpflichtet.		
c	In einem Kreditinstitut fragt ein Jugendlicher nach einem Darlehen für ein Schlagzeug.		
d	Ein Jugendlicher möchte von seinem Taschengeld an einem Tauchkurs teilnehmen.		

Aufgabe 2
Drei Monate nach der Geburt von Jan stirbt die vermögende Tante Helena und vermacht Jan ihr ganzes Vermögen (650.000,00 € und zwei große Wohnhäuser). Kann Jan Erbe werden? Begründen Sie Ihre Meinung.

Aufgabe 3
Der 17-jährige Christoph lässt sich ohne Wissen seiner Eltern von einem Vertreter zur Bestellung eines zehnbändigen Handbuches über Betriebswirtschaftslehre überreden. Der Gesamtpreis beträgt 125,00 €.
Ist der Kaufabschluss rechtsgültig?

Aufgabe 4
Kann Heiko, 17 Jahre, das Geschäft seiner Mutter, die vor Kurzem einen Herzinfarkt erlitten hat, in voller Alleinverantwortung übernehmen? Begründen Sie.

Aufgabe 5
Heiko (siehe Aufgabe 4) entschließt sich nach einiger Zeit, mit dem verdienten Geld aus dem Geschäft seiner Mutter ein Ferienhaus auf Mallorca zu kaufen, und schließt mit einem Makler einen Kaufvertrag ab.
Überprüfen Sie die Gültigkeit dieses Kaufvertrages und begründen Sie Ihre Entscheidung.

Aufgabe 6
Um welche Art von Rechtsgeschäft handelt es sich in den folgenden Fällen?

Rechtsgeschäft	einseitiges Rechtsgeschäft	zweiseitiges Rechtsgeschäft	nicht empfangsbedürftige Willenserklärung	empfangsbedürftige Willenserklärung
Mietvertrag	☐	☐	☐	☐
Testament	☐	☐	☐	☐
Kündigung	☐	☐	☐	☐
Kaufvertrag	☐	☐	☐	☐

Aufgabe 7
Dürfen minderjährige Auszubildende selbstständig verkaufen? Begründen Sie Ihre Antwort anhand des Gesetzes.

Aufgabe 8
In welchem Maße sind die folgenden Rechtssubjekte rechts- bzw. geschäftsfähig?
a eine Gesellschaft mit beschränkter Haftung
b ein Kegelklub
c ein entmündigtes geistig behindertes Kind
d ein 17-jähriger Auszubildender
e ein ungeborenes Kind
f ein Rauschgiftsüchtiger
g ein Hund

Aufgabe 9
Geben Sie an, ob es sich um natürliche oder juristische Personen des öffentlichen oder des privaten Rechts handelt:
a Kegelklub
b Siemens AG
c Ärztekammer Westfalen-Lippe
d Bundesversicherungsanstalt für Angestellte
e Mitteldeutscher Rundfunk
f Evangelische Kirche Hessen/Nassau
g AOK
h Bergbauberufsgenossenschaft

Aufgabe 10
Eine Fünfjährige kauft sich zwei Tüten Gummibären. Die Eltern verlangen, dass der Süßwarenhändler sie zurücknimmt. Nehmen Sie Stellung zu diesem Sachverhalt.

Aufgabe 11
Wie entstehen juristische Personen des privaten Rechts?

Aufgabe 12
Tragen Sie in der unten stehenden Tabelle ein, wer im jeweiligen Fall der Eigentümer bzw. der Besitzer ist.

	Eigentümer	Besitzer
a Karin wohnt in einer Wohngemeinschaft zur Untermiete.		
b Der Sachbearbeiter des Einkaufs darf mit dem Firmenwagen des Prokuristen fahren.		
c Zwei zehnjährige Jungen finden eine Geldbörse, ohne sie zum Fundbüro zu bringen.		
d Peter verleiht sein Fahrrad an Andreas.		
e Andreas verkauft Peters Fahrrad an seinen Kumpel Bernd.		
f Der Hausmeister wohnt zur Miete in dem Zwölffamilienhaus des Unternehmers.		
g Ede verkauft gestohlene Ware an einen Kunden, der die Ware sofort bezahlt und mitnimmt.		
h Ein Möbelhaus liefert der Familie Baumann eine neue Schrankwand. Die Bezahlung erfolgt vereinbarungsgemäß eine Woche später.		

Kaufverträge inhaltlich gestalten und wirksam abschließen

FK ▶ TF 11.1 | Kap. 4.1 – 4.4

Situation

In der Vertriebsabteilung der Fly Bike Werke GmbH ging heute Morgen folgende Anfrage eines Kunden, der Bike GmbH aus Magdeburg, ein.

BIKE GMBH

Bike GmbH • Leipziger Chausee 12 • 39118 Magdeburg

Fly Bike Werke GmbH
Rostocker Str. 334
26121 Oldenburg

Ihr Zeichen, Ihre Nachricht vom	Unser Zeichen, unsere Nachricht	Telefon, Name	Datum
	gesch/bbil	0391 509XX1 Herr Gründel	13. 11. 20XX

Anfrage

Sehr geehrte Damen und Herren,

wir beabsichtigen, unser Sortiment um hochwertige Rennräder zu erweitern. Da unsere Kundschaft hauptsächlich aus ambitionierten Hobby-Radrennfahrern besteht, sollte es sich um qualitativ konkurrenzfähige Räder handeln.

Wir bitten Sie, uns ein entsprechendes Angebot zu unterbreiten.

Mit freundlichen Grüßen

i. A. Gründel

Gründel

Arbeitsaufträge

1 Erläutern Sie, welche Überlegungen vor Abgabe eines Angebotes durch die Fly Bike Werke GmbH angestellt werden müssen.

2 Erstellen Sie ein schriftliches Angebot und beachten Sie die Vorgaben der DIN 5008. Nutzen Sie ferner die folgenden Informationen:

Auszug aus der Preisliste der Fly Bike Werke GmbH		
Artikel Nr.	Bezeichnung	UVP (€)
401	Renn Fast	2.520,00 €
402	Renn Superfast	4.410,00 €

Zahlungs- und Lieferbedingungen	
Lieferzeit	4 Tage
Zahlungsbedingungen	– 30 Tage auf Ziel – 8 Tage/2 % Skonto
Beförderungskosten	ab 5.000,00 € Nettowarenwert frei Haus/frei Lager

Rabattstaffel	
Stückzahl	Rabatt
1–10	27,5 %
11–50	29,0 %
51–100	30,0 %
101–250	31,0 %
251–500	32,0 %
> 500	33,0 %

Folgesituation: Kaufvertrag

Nach sechs Tagen geht folgende Bestellung per Brief ein:

BIKE
GMBH

Bike GmbH • Leipziger Chaussee 12 • 39118 Magdeburg

Fly Bike Werke GmbH
Rostocker Str. 334
26121 Oldenburg

Ihr Zeichen, Ihre Nachricht vom	Unser Zeichen, unsere Nachricht	Telefon, Name	Datum
	gesch/bbil	0391 509XX1 Herr Gründel	19. 11. 20XX

Bestellung Nr. 101b

Sehr geehrte Damen und Herren,

vielen Dank für Ihr Angebot. Wir bestellen hiermit unter Berücksichtigung Ihrer Preis- und Rabattliste:

30 Rennräder Modell Renn Fast, Art. 401, zum Gesamtpreis von 52.920,00 € netto.
30 Rennräder Modell Renn Superfast, Art. 402, zum Gesamtpreis von 92.610,00 € netto.

Sollten sich die Rennräder gut verkaufen, werden wir bei der nächsten Bestellung eine größere Menge ordern.

Mit freundlichen Grüßen

i. A. Gründel

Gründel

Arbeitsaufträge

1 Prüfen Sie, ob mit der Bestellung ein rechtskräftiger Kaufvertrag zustande gekommen ist. Begründen Sie Ihre Entscheidung.
2 Um welche Art des Kaufvertrages könnte es sich dabei handeln?
3 Entscheiden Sie begründet, wie die Fly Bike Werke GmbH auf die Bestellung des Kunden reagieren sollte. Verfassen Sie ein entsprechendes Schreiben.
4 Erstellen Sie – unabhängig von Ihrer Entscheidung in Arbeitsauftrag 3 – den Lieferschein und die Rechnung unter der Annahme, dass ein Kaufvertrag zustande gekommen ist und eine Lieferung an die Bike GmbH erfolgt. Verwenden Sie die Formulare auf der nächsten Seite.

FLY BIKE Werke GmbH

FBW GmbH • Rostocker Str. 334 • 26121 Oldenburg

Lieferschein Nr. 250-XX					
Bearbeiter		Kunden-Nr.	Ihre Bestellung Nr.	vom	Versanddatum 22.11.20XX
Versandart/Freivermerk Lkw/frei Lager			Verpackungsart Stülpkartons auf Palette		
Pos.-Nr.	Artikel-Nr.	Artikelbezeichnung		Menge	Mengeneinheit
		Ware erhalten Ort, Datum, Unterschrift			

FLY BIKE Werke GmbH

FBW GmbH • Rostocker Str. 334 • 26121 Oldenburg

Rechnung Nr. 250-XX				
Bearbeiter	Kunden-Nr.	Ihre Bestellung Nr.	Ihre Bestellung vom	Rechnungsdatum 22. 11. 20XX
Versandart/Freivermerk		Verpackungsart		Geliefert am

Pos.-Nr.	Artikel-Nr.	Artikelbezeichnung	Menge	Einzelpreis in €	Rabatt in %	Gesamtpreis in €
					Nettorechnungsbetrag in €	
					+ 19 % Umsatzsteuer in €	
					Bruttorechnungsbetrag in €	

Bitte überweisen Sie unter Angabe der Rechnungsnummer.

	Datum	Skonto	Skonto in €	Betrag in €
Innerhalb der Skontofrist bis:		2%		
Innerhalb der Zahlungsfrist bis:		--	--	

Arbeitsblatt 6.1 | Kaufvertrag

Verpflichtungs- und Erfüllungsgeschäft beim Kaufvertrag

Kaufverträge kommen zustande durch zwei übereinstimmende Willenserklärungen.

Verkäufer

1 Willenserklärung: Antrag →

← 2 Willenserklärung: Annahme

Käufer

Abschluss des Kaufvertrages

____________________ ____________________

____________________ ____________________

Verkäufer **Käufer** oder **Verkäufer** **Käufer**

____________________ ____________________

____________________ ____________________

Die Vertragspartner verpflichten sich zu bestimmten Leistungen.

Verpflichtungsgeschäft

Pflichten des Verkäufers:	Pflichten des Käufers:
____________________	____________________
____________________	____________________
____________________	____________________
____________________	____________________

Erfüllungsgeschäft:

____

____

____

Aufgaben

Aufgabe 1
In einem Schaufenster ist ein Kleid mit 198,00 € ausgezeichnet. Ist der Verkäufer an diesen Preis gebunden, wenn es sich um einen Auszeichnungsfehler handelt und das Kleid eigentlich 298,00 € kostet?

Aufgabe 2
Nachdem ein Hersteller eine Preisliste an Kunden verschickt hat, stellt er fest, dass es sich nicht um die aktuelle Preisliste, sondern um die des Vorjahres handelt. Bis wann muss er sein Angebot widerrufen?

Aufgabe 3
Stellen Sie fest, ob es sich in folgenden Fällen um rechtswirksame Anträge handelt:

	rechtswirksamer Antrag	
	ja	nein
a Schaufensterauslage	☐	☐
b zugesendete Ware ohne Aufforderung	☐	☐
c Vorlage von Ware in einem Geschäft	☐	☐

Aufgabe 4
In einem Katalog werden drei Bücher für insgesamt 19,00 € angeboten. Ein Kunde bestellt die Bücher zu 17,00 €.

a Kommt ein Kaufvertrag zustande?

b Wie ist die Sachlage, wenn die Bücher zu 17,00 € geliefert werden?

Aufgabe 5
Ein Industrieunternehmen bestellt auf ein bis zum 30. Juni gültiges Angebot eines Lieferers erst am 4. Juli, da sich der zuständige Sachbearbeiter im Krankenhaus befand. Ist der Lieferer an sein Angebot gebunden?

Aufgabe 6
a Wie lange ist der Anbietende an seinen Antrag gebunden?

b Wie kann man die Gebundenheit an sein Angebot ausschließen?

Aufgabe 7
Ein Käufer in Hannover erhält von dem Verkäufer die Mitteilung „Gerichtsstand und Erfüllungsort ist München". Was bedeutet dies für den Käufer?

Aufgabe 8
Nennen Sie drei Auswirkungen der Warenschuld bei folgender vertraglicher Vereinbarung: „Erfüllungsort und Gerichtsstand für beide Teile ist der Niederlassungsort des Käufers."

Aufgabe 9
Wonach richtet sich bei Verträgen der Erfüllungsort und was wird durch den Erfüllungsort festgelegt?

Aufgabe 10
Unter welchen Voraussetzungen werden allgemeine Geschäftsbedingungen Bestandteil eines Kaufvertrages?

Aufgabe 11
Welche Möglichkeiten hat ein Käufer, wenn er mit den allgemeinen Geschäftsbedingungen des Verkäufers nicht einverstanden ist?

Aufgabe 12
Das Bürgerliche Gesetzbuch (BGB) regelt die Wirksamkeit von allgemeinen Geschäftsbedingungen. Welche Regelungen gelten nach § 305 und § 306 BGB

a bei individuellen Absprachen?

b bei mehrdeutigen Klauseln?

c bei unwirksamen Klauseln?

Lernsituation 7

Fehlerhafte Rechtsgeschäfte erkennen und beurteilen

FK ▶ TF 11.1 | Kap. 4.5

Situation

Die Praktikantin Mia Klein wird heute durch die Vertriebsmitarbeiterin Frau Ganser betreut. Frau Ganser wundert sich über den Inhalt der folgenden E-Mail-Bestellung von Frau Adams, Einkäuferin bei der Nordstrad Sportbekleidung GmbH. Frau Adams ist sonst nicht an solch großen Stückzahlen von City-Rädern interessiert. Mia wird von Frau Ganser beauftragt, die Bestellung weiter zu bearbeiten, jedoch vorher noch mal inhaltlich zu überprüfen.

Von: Emma Adams (Nordstrad Sportbekleidung GmbH)
An: Sabine Ganser (Fly Bike Werke GmbH)
Betreff: Bestellung

Sehr geehrte Frau Ganser,

vielen Dank für Ihr äußerst günstiges Angebot über City-Räder. Aufgrund des besonders attraktiven Preises ab 11 Stück nehme ich gleich ein paar Räder mehr als geplant. Meine Bestellung lautet:

25 City-Räder Modell Glide
Preis/Stück 390,00 €
Rabatt gem. Rabattstaffel 29 %

Den Rechnungsbetrag von 6.922,50 € werde ich wie gewohnt mit einem Zahlungsziel von 30 Tagen netto überweisen.

Mit freundlichen Grüßen

Emma Adams

Nordstrad Sportbekleidung GmbH
Alter Markt 28
18055 Rostock
Tel. 0381 4904XX6
Fax 0381 4904XX1

Arbeitsauftrag

1 Begleiten Sie Mia Klein bei der inhaltlichen Überprüfung der Bestellung.
- a Überprüfen und begründen Sie, ob ein Kaufvertrag zustande gekommen ist.
- b Beurteilen Sie die Rechtslage für die vorliegende Bestellung aus der Sicht der Fly Bike Werke GmbH.
- c Entwerfen Sie einen Text für die Antwort-E-Mail an Frau Adams.

Arbeitsblatt 7.1 | Nichtigkeit und Anfechtbarkeit

Nichtigkeit von Rechtsgeschäften	
Nichtiges Rechtsgeschäft	Aus welchem Grund ist das Rechtsgeschäft nichtig?
a Ein Sechsjähriger kauft nach der Schule einen Schokoriegel.	
b Ein stark angetrunkener Kunde kauft eine Digitalkamera.	
c Eine 13-Jährige kauft ohne Wissen ihrer Eltern ein Smartphone für 100,00 €.	
d Ein Kunde hat für 45,00 € Schreibwaren gekauft. Er lässt sich eine Quittung über 98,00 € ausstellen.	
e Ein über sein reparaturanfälliges Fahrzeug verärgerter Kunde sagt: „Die Karre können Sie geschenkt haben."	
f Ein 15-Jähriger kauft eine Flasche Champagner.	
g Ein Abteilungsleiter kauft eine Ferienwohnung ohne notarielle Beurkundung des Vertrages.	
h Eine 18-Jährige kauft eine Waschmaschine auf Raten zu deutlich überhöhten Zinsen.	

Anfechtbarkeit von Rechtsgeschäften	
Anfechtbares Rechtsgeschäft	Aus welchem Grund ist das Rechtsgeschäft anfechtbar?
a Ein Verkäufer verkauft versehentlich einen Laminatboden für 8,60 €/m^2 statt für 18,60 €/m^2.	
b Eine Auszubildende notiert bei der Entgegennahme einer Bestellung eine falsche Bestellmenge.	
c Eine Verkäuferin verkauft unabsichtlich eine Imitation als echten Goldschmuck.	
d Ein Jugendlicher verkauft seinem Freund eine schon mehrfach abgespielte Blu-Ray-Disk als neu.	
e Ein Hausierer droht einer älteren Frau Gewalt an und nötigt sie so zum Kauf von zehn Postkarten für 29,00 €.	

Aufgabe

Entscheiden Sie, ob folgende Rechtsgeschäfte gültig, nichtig oder anfechtbar sind, und begründen Sie kurz.

Rechtsgeschäft	gültig	nichtig	anfechtbar	**Begründung**
1 Klaus Ziegler sagt während eines Verkaufsgesprächs zu einem Kunden: „Diese Bohrmaschine bekommen Sie bei uns wirklich für einen Appel und ein Ei." Der Kunde möchte daraufhin mit einem Apfel und einem Ei bezahlen.	☐	☐	☐	
2 Die vierjährige Lucca verkauft ihren Puppenwagen für 5,00 €.	☐	☐	☐	
3 Regina Pech kauft einen Gebrauchtwagen. Bei der ersten Inspektion stellt die Werkstatt fest, dass es sich um einen Unfallwagen handelt. Im schriftlichen Kaufvertrag wurde das Fahrzeug als unfallfrei erklärt.	☐	☐	☐	
4 Frau Pingel tippt ihr Testament, damit es gut lesbar ist, mit der Schreibmaschine ab und unterschreibt es eigenhändig.	☐	☐	☐	
5 Kunde Maus kauft einen PC ohne schriftlichen Vertrag. Nach drei Monaten stellt sich heraus, dass er für seine Zwecke einen viel zu kleinen Arbeitsspeicher gewählt hat.	☐	☐	☐	
6 Der Verkäufer Klaus Ziegler versendet an einen Kunden ein schriftliches Angebot für Schlagbohrmaschinen. Versehentlich schreibt er als Angebotspreis 255,99 € statt 299,55 €.	☐	☐	☐	

Lernsituation 8

Eine mangelhafte Lieferung erkennen und Gewährleistungsrechte wahrnehmen

FK ▶ TF 11.1 | Kap. 4.6

Situation

Frau Nemitz, Einkäuferin bei der Fly Bike Werke GmbH, hatte vor einer Woche 1 000 Beleuchtungssysteme bei der Union Elektro AG bestellt. Gestern ist die Ware pünktlich geliefert worden.
Doch leider ist die Rückmeldung aus dem Lager, wo die Ware angenommen wurde, wenig erfreulich. Ergänzend zum Lieferschein und zum Prüfbericht der Wareneingangskontrolle hat sich Frau Nemitz ihre Bestellung bei der Union Elektro AG ausgedruckt.

Von: mail@flybike-werke.dex
An: info@union-elektro.berlin.comx
Betreff: Bestellung über 1.000 Beleuchtungssysteme Art.-Nr. 55-00

Sehr geehrte Damen und Herren,

gemäß Ihrem Angebot vom 20. 01. 20XX und entsprechend den uns vorliegenden Mustern bitten wir um Lieferung von:

1.000 Stück Komponentenset Beleuchtung Art.-Nr. 55-00
Liefertermin: 27. 03. 20XX fix

Wir bitten um eine Auftragsbestätigung.

Mit freundlichen Grüßen

Ann-Kathrin Nemitz

Fly Bike Werke GmbH
Rostocker Str. 334, 26121 Oldenburg
Geschäftsführerin: Ewa Nowak
Handelsregister: Oldenburg HRB 2134

LS 8 Eine mangelhafte Lieferung erkennen und Gewährleistungsrechte wahrnehmen

UNION ELEKTRO AG

Fly Bike Werke GmbH
Rostocker Str. 334
26121 Oldenburg

Lieferschein Nr. 2398

Kunden-Nr.	Bestellung	Bestelldatum	Auftragsbestätigung	Lieferdatum
2-012	70	22. 03. 20XX	2398	27. 03. 20XX

Pos.-Nr.	Artikel-Nr.	Artikelbezeichnung	Menge	Einheit
1	55-00	Komponentenset Beleuchtung	1000	Stück

Versandart:	Wir bestätigen die ordnungsgemäße Lieferung/Datum	Name
Selbstabholer	*Mängel gemäß Prüfbericht 27. 03. 20XX*	*i. A. Wolf*

FLY BIKE Werke GmbH

Prüfbericht

Lieferant: Union Elektro AG

Prüfbericht	Prüfdatum	Lieferdatum
75	27. 03. 20XX	27. 03. 20XX
Artikel-Nr.	**Artikelbezeichnung**	**Liefermenge**
55-00	Komponentenset Beleuchtung	1000 Stück
Bestell-Nr.		**Verpackungseinheiten**
70		20 Kartons

Prüfergebnis:
Es wurden 10 Kartons geöffnet und überprüft. Sämtliche geprüften Rücklichter weisen Risse im Gehäuse auf. Es ist zu vermuten, dass die gesamte Lieferung für die Produktion nicht geeignet ist.

Datum	Unterschrift	
27. 03. 20XX	*Wolf*	

Arbeitsaufträge

1 Studieren Sie sorgfältig die abgebildeten Belege und prüfen Sie, ob ein Sachmangel im Sinne des § 434 BGB vorliegt. Wenn ja, benennen Sie die Art(en) des Sachmangels.
2 Machen Sie einen begründeten Vorschlag, welches Recht die Fly Bike Werke GmbH wahrnehmen sollte.
3 Formulieren Sie eine entsprechende E-Mail an den Lieferanten.

Arbeitsblatt 8.1 | Gewährleistungsrechte des Käufers

________________________________ Recht = Nacherfüllung durch:

↓ ↓

____

+ evtl. Schadensersatz neben der Leistung (nur bei Verschulden des Verkäufers)

____

+ evtl. Schadensersatz neben der Leistung (nur bei Verschulden des Verkäufers)

Für die Nacherfüllung muss eine ________________________________ gewährt werden.

Eine Fristsetzung kann unter anderem dann entfallen, wenn

- der Verkäufer die Nacherfüllung verweigert,
- ________________________________.

Der Käufer hat ein Wahlrecht. **ABER:** Der Verkäufer kann beide Rechte verweigern, wenn unverhältnismäßig hohe Kosten anfallen würden.

Nacherfüllung ist **fehlgeschlagen** nach zwei erfolglosen Versuchen.

↓

Nachrangige Rechte =

____

Rechte nur bei ________________ Mängeln

Rechte auch bei ________________ Mängeln

Rücktritt vom Vertrag

und

____
____
____

____
____
____

____
____
____

oder/und

Aufgaben

Aufgabe 1

Ordnen Sie den folgenden Situationen die dazugehörige Mängelart zu.

a Bei der Kontrolle einer Lieferung wird festgestellt, dass statt Stahlrohr mit 10 mm Durchmesser Stahlrohr mit nur 8 mm Durchmesser geliefert wurde.
b Der Fly Bike Werke GmbH werden statt zehn Paletten Verpackungsmaterial lediglich fünf Paletten geliefert.
c Anstelle von Stahlrohr erhält die Fly Bike Werke GmbH Aluminiumrohr.
d Bei der Anlieferung von Schutzblechen sind deutlich sichtbare Beulen zu erkennen.
e Statt schwarzer Satteltaschen werden braune Satteltaschen geliefert.
f Die Fly Bike Werke GmbH erhält eine Lieferung defekter Dynamos.

Aufgabe 2

Bilden Sie je zwei Beispiele für das Fehlen einer

a subjektiven Anforderung,
b objektiven Anforderung,
c Montageanforderung

beim Kauf einer beweglichen Sache (Ware).

Aufgabe 3

Unterscheiden Sie Verbrauchsgüterkauf und zweiseitigen Handelskauf.

Aufgabe 4

Herr Stenton (Privatkunde) kauft bei einem Motorradhändler einen neuen Roller. Drei Monate nach dem Kauf des Rollers gibt der Motor den Geist auf. Es konnte nicht festgestellt werden, ob vor dem Verkauf ein Materialfehler vorgelegen hat oder ob Herr Stenton den Roller fehlerhaft bedient hat. Hat Herr Stenton die Möglichkeit, Gewährleistungsrechte geltend zu machen? Begründen Sie Ihre Antwort.

Aufgabe 5

Die Kundin Miriam Fuchs kauft am 20. Oktober 20X3 eine Waschmaschine, die am gleichen Tag angeliefert wird. Der Verkäufer Bau verschweigt arglistig einen Mangel an dieser Maschine. Miriam Fuchs entdeckt den Mangel am 20. Dezember 20X6 und macht selbstverständlich Gewährleistungsansprüche geltend.
Wie ist die Rechtslage für Frau Fuchs?

Aufgabe 6

Frau Berrenberg kauft am 4. Juni 20X4 günstig Skier für ihren nächsten Winterurlaub. Um dem Karneval zu entfliehen, packt sie im Februar 20X5 ihre neuen Skier unter den Arm und fährt in die Alpen. Dort entdeckt sie einen auf den ersten Blick nicht zu erkennenden Mangel an der Sicherheitsbindung. Welche Gewährleistungsfrist steht Frau Berrenberg zu? Begründen Sie Ihre Meinung.

Aufgabe 7

Herr Bärlauch kauft am 16. Juni 20X5 eine Stichsäge. Am 21. Juni 20X8 reklamiert Herr Bärlauch beim Händler einen erheblichen Mangel an der Stichsäge, der erwiesenermaßen bereits bei der Übergabe bestand, allerdings von Herrn Bärlauch erst am 21. Juni 20X8 erkannt wurde.
Klären Sie:

a die allgemeine Gewährleistungsfrist
b das Verjährungsdatum für den Kauf der Stichsäge
c das Ergebnis für Herrn Bärlauch

Aufgabe 8

Die Kundin Claudia Heland kauft an einem Samstag einen Blu-Ray-Player. Der Händler vermerkt auf dem Kassenzettel „Reklamationen ausgeschlossen“. Die Kundin nimmt den Blu-Ray-Player trotzdem entgegen und freut sich auf ein gemütliches Wochenende mit tollen Filmen. Bei der Benutzung des Gerätes stellt Claudia Heland fest, dass es defekt ist. Am kommenden Montag steht die Kundin aufgebracht im Warenhaus und verlangt den Umtausch des Players. Der Verkäufer bietet ihr zwar einen Kaffee an, aber keinen Umtausch. Er verweist auf den Vermerk auf dem Kassenzettel. Beurteilen Sie die rechtliche Situation.

Aufgabe 9

Der Autohändler Reichert verkauft an den Kunden Strunz einen Neuwagen. Nach mehreren Wochen stellt Herr Strunz erhebliche Mängel fest. Durch diese Mängel ist Herrn Strunz ein Schaden in Höhe von 220,00 € entstanden. Unter welchen Voraussetzungen kann Herr Strunz das Recht „Schadensersatz statt Leistung“ geltend machen?

Lernsituation 9

Vertragsarten unterscheiden können

FK ▶ TF 11.1 | Kap. 5

Situation

Mia Kleins große Leidenschaft ist das Reiten. Von ihrer Praktikumsvergütung hat sie jeden Monat einen Teil zurückgelegt, um sich endlich ein Paar „richtige" Reitstiefel aus Leder kaufen zu können. Im Geschäft kosten solche Stiefel ein kleines Vermögen, aber im Internet hat sie ein echtes „Schnäppchen" gefunden.

Eingestellt in Kategorie: Sport > Reit- & Fahrsport > Reitstiefel & Zubehör > Reitstiefel

Mit Mauszeiger zoomen

Lederreitstiefel Jinete, GR 38, NEU

Artikelzustand: Neu im Karton

Restzeit: 1T 11Std
Dienstag, 21:24

Sofortkaufpreis: EUR 99,00

Sofortkauf

Versand aus Deutschland

Versandkosten: EUR 6,99

Käuferschutz
Sie erhalten den bestellten Artikel oder bekommen Ihr Geld zurück.
Mehr erfahren

Angaben zum Verkäufer
marion123 (34★)
100 % positive Bewertungen

Verkäufer speichern
Weitere Artikel ansehen
Verkäufer kontaktieren

Angemeldet als privater Verkäufer; verbraucherschützende Vorschriften, die sich aus EU-Verbraucherrecht ergeben, finden daher keine Anwendung.
Mehr erfahren

Bevor ihr jemand zuvorkommen kann, klickt Mia auf den Sofortkauf-Button. Noch am gleichen Tag erhält sie eine Bestätigungsmail der Verkäuferin. Mia überweist von ihrem Schülergirokonto die 99 Euro plus 6,99 Euro Versandkosten auf das in der Mail angegebene Konto. Und tatsächlich trifft schon nach drei Tagen ein Paket mit den Stiefeln ein.

Doch leider wollen ihr die Stiefel so gar nicht passen. Oben sind die Stiefel viel zu weit und an den Zehen drücken sie. „Ach, macht doch nichts!", denkt sich Mia. „Einfach wieder einpacken, zurückschicken und weitersuchen. War ja im Internet bestellt. Da kann man doch alles zwei Wochen lang zurückgeben."

Gesagt, getan. Umso größer ist ihr Entsetzen, als sie die nachstehende E-Mail der Verkäuferin erhält.

Von: marionpferdefreundin@gmx.dex
An: miaklein@gmail.comx
Betreff: Deine Rücksendung Reiterstiefel Jinete GR 38

Liebe Mia,

die Reitstiefel habe ich wie von Dir bestellt geschickt. Die Stiefel sind nicht getragen und tadellos in Ordnung. Deine grundlose Rückgabe kann ich also nicht akzeptieren.

Ausnahmsweise bin ich bereit, die Stiefel freiwillig zurückzunehmen. Die Hälfte des Kaufpreises und die Versandkosten behalte ich aber als Entschädigung für meinen Aufwand ein. Bitte schreibe mir eine E-Mail mit Deiner Kontonummer.

Ich hoffe auf Dein Verständnis.

Reiterliche Grüße

Deine Marion

Mia kann kaum glauben, was sie da liest. Keine Stiefel, aber mehr als die Hälfte des mühsam gesparten Geldes verloren? Ist das rechtens?

Arbeitsaufträge

1 Prüfen Sie, ob zwischen Mia und der Verkäuferin ein wirksamer Vertrag zustande gekommen ist. Wenn ja, um welche Art von Vertrag handelt es sich dabei genau? Begründen Sie Ihre Einschätzung.
2 Prüfen Sie außerdem, ob Mia ein Recht auf Rückgabe der Stiefel hatte. Oder hat die Verkäuferin Recht und darf die Hälfte des Kaufpreises behalten? Begründen Sie auch hier Ihre Einschätzung.
3 Formulieren Sie fünf Hinweise, worauf Verbraucher beim Kauf im Internet unbedingt achten sollten.

Arbeitsblatt 9.1 | Vertragsarten, Teil 1

Ergänzen Sie die Lücken in der nachfolgenden Übersicht mithilfe der unten stehenden Begriffe.

Kaufvertrag	Fernabsatzvertrag	Leihvertrag
Die Vertragspartner heißen: ______ und Verkäufer	Die Vertragspartner heißen: ______ (= Käufer) und Unternehmer (= ______).	Die Vertragspartner heißen: Entleiher und ______.
Der Vertrag kommt zustande durch: Zwei übereinstimmende ______, die keine bestimmte Form haben müssen.	Der Vertrag kommt zustande durch: Zwei übereinstimmende Willenserklärungen, die ausschließlich durch ______ abgegeben wurden.	Der Vertrag kommt zustande durch: Zwei übereinstimmende Willenserklärungen, die keine bestimmte ______ haben müssen.
Wesentliche Vertragsinhalte sind: Der Verkäufer übergibt dem Käufer die gekaufte ______ und überträgt das ______. Der Käufer bezahlt dem Verkäufer den vereinbarten ______.	Wesentliche Vertragsinhalte sind: Der Verkäufer ______ die gekaufte Sache an den Käufer. Der Käufer ______ dem Verkäufer den vereinbarten Kaufpreis. (Auch Selbstabholung und ______ sind möglich.)	Wesentliche Vertragsinhalte sind: Der Verleiher überlässt dem Entleiher die Sache zum ______. Der Entleiher ist zur ______ genau dieser Sache verpflichtet, nicht aber zur ______ eines Entgeltes.

Sache – verschickt – Gebrauch – Verleiher – Willenserklärungen – Kaufpreis – Rückgabe – Käufer – Verbraucher – Zahlung – Form – Eigentum – Fernkommunikationsmittel – sendet – Barzahlung – Verkäufer

Arbeitsblatt 9.2 | Vertragsarten, Teil 2

Ergänzen Sie die Lücken in der nachfolgenden Übersicht mithilfe der unten stehenden Begriffe.

Kreditvertrag	Werkvertrag	Mietvertrag
Die Vertragspartner heißen: Kreditnehmer und ________________	Die Vertragspartner heißen: ________________ und Unternehmer.	Die Vertragspartner heißen: Mieter und ________________
Der Vertrag kommt zustande durch: Ist der Kreditnehmer ein Verbraucher und der Kreditgeber ein Unternehmer, muss der Kreditvertrag ________________ abgeschlossen werden. Ein ________________ Kreditvertrag kann auch mündlich abgeschlossen werden.	Der Vertrag kommt zustande durch: Zwei übereinstimmende Willenserklärung, die keine bestimmte Form haben müssen. Ein in vielen Branchen typischer ________________ genügt.	Der Vertrag kommt zustande durch: Zwei übereinstimmende Willenserklärungen, die grundsätzlich auch mündlich erfolgen können. Mietverträge über ________________ sollten aber unbedingt schriftlich abgeschlossen werden.
Wesentliche Vertragsinhalte sind: Der Kreditgeber stellt dem Kreditnehmer einen bestimmten ________________ zur Verfügung. Der Kreditnehmer muss die vereinbarten ________________ zahlen und den Kreditbetrag zurückzuerstatten, wenn dieser fällig ist.	Wesentliche Vertragsinhalte sind: Der Unternehmer verpflichtet sich, ein bestimmtes Werk (= ein Sachgut oder eine ________________) zu erstellen. Der Besteller muss die vereinbarte ________________ bezahlen.	Wesentliche Vertragsinhalte sind: Der Vermieter überlässt dem Mieter die ________________ zum Gebrauch. Der Mieter ist verpflichtet, dem Vermieter die vereinbarte ________________ zu zahlen.

Besteller – Wohnraum – Zinsen – schriftlich – Geldbetrag – Vergütung – Miete – privater – Kreditgeber – Dienstleistung – Handschlag – Mietsache – Vermieter

Aufgaben

Aufgabe 1

Betreiber von Onlineshops sind verpflichtet, eine ordnungsgemäße „Widerrufsbelehrung“ einzustellen. Recherchieren Sie,

a was man unter einer Widerrufsbelehrung versteht und
b welche Rechtsfolgen eine fehlende oder nicht ordnungsgemäße Widerrufsbelehrung hat.

Notieren Sie die Ergebnisse Ihrer Recherche.

Aufgabe 2

Ergänzen Sie die nachfolgenden Sätze mit vier der folgenden Wörter:

1 Verbraucher
2 Unternehmer
3 Besitz
4 Eigentum
5 Ertrag
6 Entgelt

a Ein Fernabsatzvertrag liegt nur dann vor, wenn der Käufer ein Verbraucher und der Verkäufer ein ... ist.
b Bei einem Leihvertrag ist kein ... zu zahlen.
c Durch Übergabe erhält der Käufer das ... an der gekauften Sache.
d Bei einem Pachtvertrag darf der Pächter den ... aus der gepachteten Sache behalten.

Aufgabe 3

Kennzeichnen Sie die nachstehenden Aussagen mit einer

1 wenn die Aussage zutrifft,
2 wenn die Aussage nicht zutrifft.

a ☐ Ein Darlehensvertrag kann grundsätzlich nur schriftlich abgeschlossen werden.
b ☐ Ein Vertrag kommt immer durch zwei übereinstimmende Willenserklärungen zustande.
c ☐ Die Vertragspartner haben grundsätzlich das Recht, einen Vertrag nach ihren Wünschen zu gestalten.
d ☐ Ein über das Internet oder per Telefon abgeschlossener Vertrag kann stets innerhalb von zwei Wochen widerrufen werden.
e ☐ Wer sich eine Sache leiht, muss dem Verleiher eine Leihgebühr bezahlen.
f ☐ Soll ein Dienstvertrag fristlos gekündigt werden, muss ein besonderer Grund vorliegen.
g ☐ Arbeitsverträge müssen immer schriftlich abgeschlossen werden.

Aufgabe 4

Der Pkw von Herrn Müller macht beim Fahren „so komische Klopfgeräusche“. Er bringt den Wagen zur Reparatur in eine Kfz-Werkstatt. Der Werkstattmeister vermutet ein defektes Radlager und schlägt dessen Austausch vor. Herr Müller willigt ein.

a Prüfen Sie, welche Art von Vertrag Herr Müller und der Betreiber der Kfz-Werkstatt abgeschlossen haben. Beschreiben Sie die jeweiligen Pflichten der Vertragsparteien.
b Das Radlager wurde ordnungsgemäß ausgetauscht, aber das Klopfen ist immer noch zu hören. Der Werkstattbetreiber verlangt trotzdem 890,00 Euro für die Reparatur. Zu Recht? Begründen Sie Ihre Einschätzung.

Aufgabe 5

Ordnen Sie die folgenden Vertragsinhalte den unten genannten Vertragsarten zu.

1 Überlassung von Geld gegen Zinsen und spätere Rückgabe des gleichen Geldbetrages
2 Überlassung einer Sache zum Gebrauch gegen Geldzahlung
3. Überlassung von Ware gegen Ware
4 Überlassung einer Sache zum Gebrauch ohne Entgelt.
5 Überlassung von Ware gegen Geld.

a ☐ Tausch
b ☐ Leihe
c ☐ Kauf
d ☐ Darlehen
e ☐ Miete

Selbsteinschätzung TF 11.1

Ich kann ...	Kann ich	Kann ich nicht
Ökonomische und rechtliche Grundlagen des Arbeitsverhältnisses		
1 ... die Rechte und Pflichten eines Praktikanten, die sich aus einem Praktikumsvertrag ergeben, erläutern.		
2 ... rechtliche Bezüge eines Schülerpraktikums zum Jugendarbeitsschutz und zu anderen Rechtsquellen (AGG, BuUrlG, ArbZG und Tarifvertrag) beschreiben.		
3 ... grundlegende Prinzipien der Erhebung, Verarbeitung und Nutzung personenbezogener Daten nach dem Bundesdatenschutzgesetz beschreiben.		
4 ... häufige Gefahren für die Datensicherheit und den Datenschutz in Unternehmen beschreiben.		
5 ... wichtige Maßnahmen zur Datensicherheit und zum Datenschutz erläutern.		
Strukturmerkmale wichtiger Unternehmensformen		
1 ... wesentliche Merkmale gängiger Unternehmensformen (Organe, Kapitalaufbringung, Gewinn- und Verlustverteilung sowie Haftung) erläutern.		
Grundlagen von Rechtsgeschäften		
1 ... natürliche und juristische Personen sowie Sachen voneinander unterscheiden.		
2 ... die drei Formen der Geschäftsfähigkeit von Personen und deren rechtliche Wirkungen erläutern.		
3 ... Besitz und Eigentum unterscheiden.		
Kaufvertrag		
1 ... das Zustandekommen von Rechtsgeschäften durch Willenserklärungen erläutern.		
2 ... typische Inhalte eines Kaufvertrags in Bezug auf die Rechte und Pflichten der Vertragspartner beschreiben.		
3 ... das Zustandekommen eines Kaufvertrages erläutern.		
4 ... einen juristischen Antrag und ein kaufmännisches Angebot unterscheiden.		
5 ... Mängel eines Kaufvertrags, die zur Anfechtbarkeit oder zur Nichtigkeit führen, erläutern.		
6 ... Kaufvertragsstörungen am Beispiel der mangelhaften Lieferung (Schlechtleistung) erläutern.		
7 ... die Gewährleistungsrechte eines Käufers bei mangelhafter Lieferung beschreiben.		
Weitere branchenbezogene Vertragsarten		
1 ... weitere häufig verwendete Vertragsarten (Miete, Pacht, Leihe, Darlehen, Werk und Fernabsatz) beschreiben.		

Lernsituation 10

Volkswirtschaftliche Grundbegriffe erläutern

FK ▶ TF 11.2 | Kap. 2.1 – 2.2

Situation

Mia Klein und Deniz Özal absolvieren bereits seit einem halben Jahr ihr Praktikum bei der Fly Bike Werke GmbH. Wie an jedem ersten Freitag im Monat findet auch heute das monatliche Treffen der beiden Praktikanten mit der Geschäftsführerin Ewa Nowak statt. Mia und Deniz erzählen, was sie in den vergangenen Wochen erlebt und gelernt haben. Als sie damit fertig sind, stellt Ewa Nowak ihnen eine unerwartete Frage.

Ewa Nowak: Sie machen Ihr Praktikum in einem Unternehmen, das Fahrräder produziert und verkauft. Haben Sie schon mal darüber nachgedacht, warum es so ein Unternehmen überhaupt gibt?

Deniz Özal: Ist doch klar! Die Fly Bike Werke GmbH produziert und verkauft Fahrräder, um damit Geld zu verdienen!

Ewa Nowak: Natürlich will die Fly Bike Werke GmbH mit den Fahrrädern Geld verdienen. Doch warum kann sie das überhaupt?

Deniz Özal: Na ja, weil es Leute gibt, die Fahrräder kaufen.

Ewa Nowak: Genau. Aber warum kaufen Menschen Fahrräder?

Mia Klein: Fahrräder werden halt gebraucht!

Ewa Nowak: Warum werden Fahrräder denn gebraucht? Was für Gründe können Menschen haben, ein Fahrrad zu kaufen?

Mia Klein: Also, ich brauche ein Fahrrad, weil ich keine Zeit habe, immer drei Kilometer bis zum nächsten Supermarkt zu laufen. Ohne ein Fahrrad würde ich es manchmal nicht schaffen, mir etwas zu essen und zu trinken zu kaufen.

Deniz Özal: Und ich brauche ein Fahrrad, weil meine Freunde und ich am Wochenende oft Mountainbike-Touren durch den Wald oder durchs Moor machen. Das macht total viel Spaß!

Mia Klein: Ein Cousin von mir ist ein richtiger Fahrrad-Freak. Der ist Mitglied in einem Radsportverein und trainiert fast jeden Tag. Er hat schon an mehreren Radrennen teilgenommen – und träumt davon, irgendwann mal bei der Tour de France dabei zu sein.

Deniz Özal: Und ein Mitschüler von uns hat sich neulich ein superteures Luxus-E-Bike gekauft. Niemand sonst in der Klasse könnte sich so ein E-Bike leisten. Aber der hat halt reiche Eltern und lässt das richtig raushängen.

Ewa Nowak: Prima, da haben Sie schon eine Menge Gründe gefunden! Essen und Trinken, Spaß mit Freunden, sportlicher Ehrgeiz, Angeberei ... Ist es nicht interessant, was für unterschiedliche Bedürfnisse Menschen haben? Und solche Bedürfnisse sind die Antriebskräfte allen wirtschaftlichen Handelns!

Arbeitsaufträge

1 Informieren Sie sich in der Fachkunde darüber, was im volkswirtschaftlichen Sinn unter einem Bedürfnis verstanden wird und nach welchen Kriterien Bedürfnisse eingeteilt werden können.

- **a** Diskutieren Sie in Kleingruppen, ob die von Mia und Deniz genannten Bedürfnisse Existenz-, Kultur- oder Luxusbedürfnisse sind. Vergleichen Sie Ihre Ergebnisse im Plenum. Vervollständigen Sie anschließend das Arbeitsblatt 10.1.
- **b** Diskutieren Sie in Kleingruppen, welcher Bedürfnisebene nach Maslow die von Mia und Deniz genannten Bedürfnisse zuzuordnen sind. Vergleichen Sie Ihre Ergebnisse im Plenum. Vervollständigen Sie anschließend das Arbeitsblatt 10.2.

Folgesituation

Mia und Deniz finden es zwar einleuchtend, dass Menschen nichts kaufen würden, wenn sie keine Bedürfnisse hätten. Doch Deniz hat jetzt eine Frage.

Deniz Özal: Okay, ich habe verstanden, dass die Fly Bike Werke GmbH nur deshalb Fahrräder verkaufen kann, weil Menschen alle möglichen Bedürfnisse haben. Aber was ist, wenn jemand zwar ein Bedürfnis, aber kein Geld hat? Wenn ich z. B. das Bedürfnis hätte, mit einem Luxus-E-Bike zu protzen, könnte ich mir trotzdem keins kaufen ... Denn meine Eltern sind halt nicht reich ...

Mia Klein: Und wenn ich Lust hätte, am Wochenende Mountainbike zu fahren, könnte ich mir trotzdem kein Mountainbike leisten ... Denn meine Praktikumsvergütung reicht dafür nicht aus ...

Ewa Nowak: Da haben Sie völlig recht. Deshalb wird in der Volkswirtschaftslehre auch zwischen Bedürfnissen, Bedarf und Nachfrage unterschieden. Notieren Sie sich diese drei Begriffe mal. Und bei unserem nächsten Treffen können Sie mir erzählen, was sich dahinter verbirgt.

2 Vervollständigen Sie das nachfolgende Schaubild sinnvoll. Besprechen Sie anschließend in Partnerarbeit den Unterschied zwischen einem Bedürfnis, einem Bedarf und einer Nachfrage.

Bedürfnis	→	______	→	______
Beispiel: ______ *Kommunikation*	→	Beispiel: ______ ______	→	Beispiel: ______ ______
Erläuterung: ______ ______ ______	→	Erläuterung: ______ ______ ______	→	Erläuterung: ______ ______ ______

Folgesituation

Zum Abschluss des Gesprächs hat Ewa Nowak noch eine Frage.

Ewa Nowak: Haben Sie schon mal darüber nachgedacht, was für Güter die Fly Bike Werke GmbH produziert und verkauft?

Mia Klein: Hm. Das wissen wir doch eigentlich: Fahrräder!

Ewa Nowak: Ja, Fahrräder. Aber was für Güter sind Fahrräder? Sind es freie oder knappe Güter? Materielle oder immaterielle Güter? Konsumgüter oder Produktionsgüter? Gebrauchsgüter oder Verbrauchsgüter?

Deniz Özal: Uff, das waren jetzt ganz schön viele Begriffe auf einmal ...

Ewa Nowak: Recherchieren Sie einfach mal, was für Güterarten es gibt. Und dann versuchen Sie, unsere Fahrräder diesen Güterarten zuzuordnen. Über Ihre Ergebnisse können Sie mir beim nächsten Treffen berichten.

3 Informieren Sie sich in der Fachkunde über die verschiedenen Güterarten. Notieren Sie die Güterarten, denen sich die Fahrräder der Fly Bike Werke GmbH zuordnen lassen. Vervollständigen Sie anschließend das Arbeitsblatt 10.3.

4 In einem Werk des deutschen Dichters Wilhelm Busch findet sich der folgende Satz: „Ein jeder Wunsch, wenn er erfüllt, kriegt augenblicklich Junge.“ Begründen Sie unter Bezugnahme auf dieses Zitat, warum Menschen wirtschaftlich handeln.

Arbeitsblatt 10.1 | Bedürfnisse

Bedürfnisse → Einteilung von Bedürfnissen →

- nach Konkretheit
  - • ______
    Beispiel: ______
  - • ______
    Beispiel: ______
- nach Art der Bedürfnisbefriedigung
  - • ______
    Beispiel: ______
  - • ______
    Beispiel: ______
- nach Dringlichkeit
  - • ______
    Beispiel: ______
  - • ______
    Beispiel: ______
  - • ______
    Beispiel: ______

Arbeitsblatt 10.2 | Bedürfnisebenen nach Maslow

Tragen Sie zunächst die Bedürfnisebenen ein. Erläutern Sie dann, warum für die Darstellung häufig die Pyramidenform gewählt wird. Ordnen Sie abschließend die folgenden zehn Bedürfnisse den Ebenen zu:

glückliches Familienleben – Straßenbeleuchtung auf dem Heimweg – Mitgliedschaft im Handballverein – Karriere als Handballprofi – Gesundheit – Freundschaften – Sieg bei einem Handballspiel – Ausbildungsplatz – Lob vom Lehrer – etwas zu essen

5 Ebene:

____

____

Beispiele: ________________

____

____

4 Ebene: ____________________________________

Beispiele: ____

____

3 Ebene: ____

Beispiele: ____

____

2 Ebene: ____

Beispiele: ____

1 Ebene: ____

Beispiele: ____

Begründung für die Pyramidenform: ____

____

____

Arbeitsblatt 10.3 | Güterarten

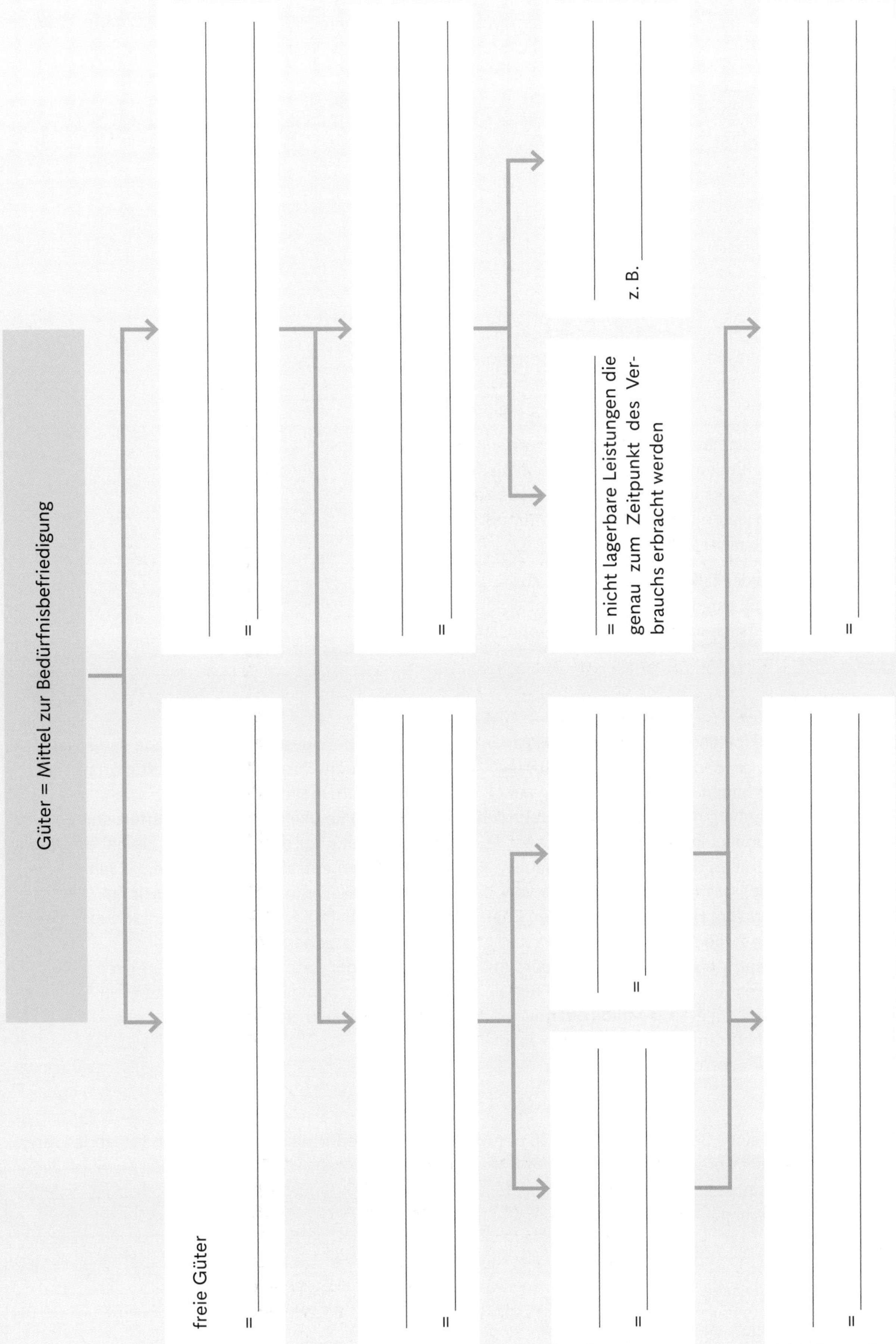

Aufgaben

Aufgabe 1

Tragen Sie zu den folgenden Fällen jeweils ein, welcher Aufgabenbereich der Volkswirtschaftslehre (VWL) angesprochen wird.

a	Ein Wirtschaftsforschungsinstitut veröffentlicht in seinem Jahresbericht unter anderem die Schätzung, dass sich das Preisniveau im nächsten Jahr um ca. 1,5 % erhöhen wird.	
b	In einer Talkshow begründet der Bundeswirtschaftsminister die sinkende Arbeitslosenquote im letzten Quartal mit der steigenden Nachfrage nach Investitionsgütern.	
c	In derselben Talkshow äußert der Bundeswirtschaftsminister, dass die Arbeitslosenquote aufgrund der vermutlich anhaltend guten Wirtschaftslage im nächsten Jahr niedrig bleiben wird.	
d	Ein angesehener Professor für Volkswirtschaftslehre empfiehlt dem Bundeswirtschaftsminister in derselben Talkshow, den Mehrwertsteuersatz im nächsten Jahr nicht zu erhöhen, damit die Binnennachfrage nicht sinkt.	
e	Während der Talkshow wird für die Zuschauer eine Grafik eingeblendet, die die Entwicklung der Arbeitslosenquote der letzten zehn Jahre darstellt.	

Aufgabe 2

Geben Sie für die folgenden Beispiele jeweils an, ob ein Bedürfnis, ein Bedarf oder eine Nachfrage vorliegt, und begründen Sie Ihre Zuordnung kurz.

- **a** Torsten Klingenberg macht mit seinen Freunden einen Stadtbummel in Marburg. Als er Durst bekommt, merkt er, dass er kein Geld dabei hat. Er leiht sich deswegen ein paar Euro von seinem Freund Jörg Heuke, um sich einen Energydrink kaufen zu können.
- **b** Jens Lübkemann steht vor einem Reisebüro in Wetzlar und sieht ein Angebot für eine Flugreise nach Rhodos. Da er sich gerade ein neues Auto gekauft hat, kann er sich in diesem Jahr leider keine Urlaubsreise leisten.
- **c** Im selben Reisebüro sitzt gerade Tanja Nagel und bucht ihren alljährlichen Kurzurlaub auf der Nordseeinsel Sylt.
- **d** Kirstin Reipke und Thomas Geffert stehen ebenfalls vor dem Reisebüro. Sie haben gerade spontan entschieden, dass sie die Jahresprämie, die Thomas Geffert von seinem Arbeitgeber erhalten hat, für einen Kurzurlaub in Hamburg ausgeben wollen.
- **e** Auf einer Autofahrt von Wetzlar nach Limburg an der Lahn hält Jörg Möller an einer Tankstelle und betankt sein Auto.

Aufgabe 3

Ordnen Sie zu, welche Bedürfnisarten gemäß der Maslow'schen Bedürfnishierarchie durch folgende Güter vorrangig befriedigt werden.

Lebensversicherung	
Brot	
moderner Sportwagen	
Mitgliedschaft im Tennisverein	

Aufgabe 4

Kreuzen Sie in der folgenden Tabelle jeweils (wie im Beispiel) an, welche Güterarten vorliegen.

		Sachgut	immaterielles Gut	Konsumgut	Investitionsgut	Gebrauchsgut	Verbrauchsgut
a	Hobel in einem Tischlereibetrieb	X			X	X	
b	Milch im Kühlschrank der Familie Ewers						
c	Urlaubsreise von Tanja Nagel nach Sylt						
d	Espressotasse von Katja Ewers						
e	Benzin für das Firmenauto von Marc Sauerland						
f	Reparatur der Kreissäge in einem Tischlereibetrieb						

Aufgabe 5

Erläutern Sie an einem Beispiel, dass ein und dasselbe Gut sowohl als Produktionsgut als auch als Konsumgut verwendet werden kann.

Aufgabe 6

Nennen Sie für jedes der folgenden Güter ein mögliches Substitutionsgut.

a Butter
b Sonnenblumenöl
c Dinkelmehl
d Desktop-PC
e Auto mit Verbrennungsmotor

Aufgabe 7

Ordnen Sie die Güter 1 bis 6 den Gütern a bis f zu. Wie nennt man solche Güterpaare?

1 Spiel
2 Toastbrot
3 Fahrradschloss
4 Rasierklinge
5 App
6 Waffel

a Smartphone
b Nassrasierer
c Konsole
d Fahrrad
e Eis
f Toaster

Aufgabe 8

Die Straßenbeleuchtung ist ein öffentliches Gut, das vom Staat angeboten wird. Überlegen Sie: Warum wird die Straßenbeleuchtung nicht von privatwirtschaftlichen Unternehmen angeboten?

Grundlagen ökonomischen Handelns verstehen

FK ▸ TF 11.2 | Kap. 2.3–2.6

Situation

Der Verwaltungsleiter der Fly Bike Werke GmbH, Cem Samet, hilft der Praktikantin Mia Klein gerade bei der Erstellung einer Inventarliste. Plötzlich betritt die Geschäftsführerin Ewa Nowak das Büro und eröffnet das folgende Gespräch.

Ewa Nowak: Guten Morgen, Herr Samet. Sind Sie eigentlich bezüglich der Beschaffung der zehn neuen Bürostühle schon weitergekommen? Sie wissen ja, wir müssen für die alten Stühle langsam Ersatz besorgen.

Cem Samet: Guten Morgen, Frau Nowak. Ja, klar! Ich habe letzte Woche nach unserem Gespräch gleich eine Liste mit allen Anforderungen erstellt, die die neuen Bürostühle erfüllen sollen. Dann bin ich mit unserem Sicherheitsbeauftragten, Herrn Esser, die Liste durchgegangen. Er hat noch ein paar Aspekte ergänzt und mir dann ein konkretes Modell empfohlen, das ich bei mehreren Büromöbelhändlern angefragt habe. Es liegen schon einige Angebote vor. Der günstigste Lieferant liegt bei 450,00 Euro pro Stück.

Ewa Nowak: Ich habe zwischenzeitlich noch einmal mit unserem Controlling gesprochen. Wir sollten mit den zehn Bürostühlen ein Budget von 3.000,00 Euro nicht überschreiten. Sprechen Sie doch noch mal mit Herrn Esser und klären Sie, welches Modell unter Berücksichtigung des Budgets möglichst viele Anforderungen von Ihrer Liste erfüllt.

Cem Samet: Das mache ich, Frau Nowak. Ich melde mich bei Ihnen.

Frau Nowak verlässt das Büro und Herr Samet wendet sich mit folgenden Worten an Mia Klein.

Cem Samet: So, Frau Klein, da haben Sie ja gerade ein ideales Beispiel dafür miterlebt, dass wirtschaftliches Handeln nach dem ökonomischen Prinzip nach zwei grundsätzlich verschiedenen Herangehensweisen funktionieren kann.

Arbeitsaufträge

1 Informieren Sie sich in der Fachkunde über die zwei Ausprägungen des ökonomischen Prinzips.
   - a Ordnen Sie die Herangehensweisen von Herrn Esser und Herrn Samet einerseits und vom Controlling andererseits diesen Ausprägungen zu.
   - b Vervollständigen Sie anschließend die Arbeitsblätter 11.1 und 11.2.

2 Informieren Sie sich in der Fachkunde über das Modell des Homo oeconomicus und dessen charakteristische Merkmale.
   - a Diskutieren Sie in Kleingruppen: Wie realistisch sind diese Modellannahmen?
   - b Sammeln Sie Beispiele für reale Verhaltensweisen, die von dem Modell abweichen.
   - c Vervollständigen Sie anschließend das Arbeitsblatt 11.3.

3 Tauschen Sie sich in Partnerarbeit über Situationen aus Ihrem eigenen Leben aus.
   - a Beschreiben Sie eine Situation, in der Sie rational gehandelt haben. Erläutern Sie, wie Sie das ökonomische Prinzip angewandt haben
   - b Beschreiben Sie eine Situation, in der Sie nicht rational gehandelt haben. Begründen Sie Ihr Verhalten.
   - c Informieren Sie sich in der Fachkunde, welche Erklärungsansätze für nicht rationales Handeln bei Konsumentscheidungen es gibt. Vervollständigen Sie anschließend das Arbeitsblatt 11.4.

Arbeitsblatt 11.1 | Das ökonomische Prinzip

Bei der Fly Bike Werke GmbH sollen neue Bürostühle angeschafft werden.

Möglichkeit 1:
Dem Einkäufer liegt eine Liste mit den Anforderungen vor, die die neuen Bürostühle erfüllen sollen.

Der Einkäufer wird versuchen, ______________

____

____

____

Festgelegte Größe:

____

Zu optimierende Größe:

____

Bezeichnung des Prinzips:

____

Erläuterung:

____

____

____

Weitere Beispiele:

____

____

____

____

Möglichkeit 2:
Für die Anschaffung der zehn Bürostühle wurde ein Budget von 300,00 € je Stuhl (insgesamt 3.000,00 €) festgelegt.

Der Einkäufer wird versuchen, ______________

____

____

____

Festgelegte Größe:

____

Zu optimierende Größe:

____

Bezeichnung des Prinzips:

____

Erläuterung:

____

____

____

Weitere Beispiele:

____

____

____

____

Arbeitsblatt 11.2 | Das ökonomische Prinzip (Fortsetzung)

Entscheiden Sie für die folgenden Fälle, ob das Minimal- bzw. Maximalprinzip zur Anwendung kommt oder ob kein Handeln nach dem ökonomischen Prinzip vorliegt. Verbinden Sie die Fälle mit dem zutreffenden Begriff.

a Ein Auszubildender betankt sein Auto immer mit 30 Litern Benzin und versucht, damit eine möglichst weite Strecke zu fahren.

b Eine Mitarbeiterin der Stein KG soll 50 Aktenordner beschaffen. Auf Grundlage eines Preisvergleichs bestellt sie beim günstigsten Lieferanten.

c Ein Großhandelsunternehmen strebt mit maximalem Mitteleinsatz den größtmöglichen Erfolg an.

d Eine Auszubildende beschafft für ihren Ausbildungsbetrieb 50 Briefmarken zu 0,90 € und bezahlt in der Postfiliale 45,00 €.

e Ein Zahnarzt versorgt seine Patienten mit möglichst wenig Arbeitskräften.

f Eine Schule versucht die zur Verfügung stehenden finanziellen Mittel so einzusetzen, dass optimale Lernbedingungen entstehen.

g Ein Unternehmen versucht, die produzierten Güter möglichst teuer zu verkaufen.

h Ein Getränkehersteller versucht, mit möglichst wenig Arbeitskräften eine möglichst große Menge zu produzieren.

Minimalprinzip

kein Handeln nach dem ökonomischen Prinzip

Maximalprinzip

Arbeitsblatt 11.3 | Das Modell des Homo oeconomicus

Der Homo oeconomicus: Modellannahmen

Beispiele für Abweichungen in der Realität:

Arbeitsblatt 11.4 | Erklärungsansätze für nicht rationales Konsumverhalten

Nicht rationales Handeln

Erläuterung: ______________________________

____

____

____

____

Psychologische Erklärungsansätze

Erläuterung: ______________________________

____

____

____

____

____

____

Soziokulturelle Erklärungsansätze

Bezugsgruppenmodell	Meinungsführermodell
Erläuterung: ______________	Erläuterung: ______________
______________	______________
______________	______________
______________	______________
______________	______________
______________	______________
______________	______________
______________	______________

Arbeitsblatt 11.5 | Ziele von Betrieben

Ziele von Betrieben

Privatwirtschaftliche Betriebe	Öffentliche (gemeinwirtschaftliche) Betriebe
Hauptziel:	Hauptziel:
Mögliche Nebenziele:	Mögliche Nebenziele:
Beispiele:	Beispiele:

Arbeitsblatt 11.6 | Wirtschaftssektoren

Ergänzen Sie die Informationen zu den drei Sektoren und ordnen Sie die folgenden Beispiele zu.

Bank – Großhandel – Nahrungsmittelindustrie – Landwirtschaft – Einzelhandel – Schreinerei – Metall verarbeitende Industrie – Forstwirtschaft – Versicherungsunternehmen – Fischerei – Textilindustrie – Bergbau – Transportunternehmen – Ölgewinnung – Beratungsunternehmen – Bäckerei – Goldschmied – Gasgewinnung

Wirtschaftssektoren

Primärer Sektor	Sekundärer Sektor	Tertiärer Sektor
Erläuterung: __________ __________	Erläuterung: __________ __________	Erläuterung: __________ __________
Beispiele: __________ __________ __________ __________ __________ __________	Beispiele: __________ __________ __________ __________ __________ __________	Beispiele: __________ __________ __________ __________ __________ __________
Bedeutung für den Arbeitsmarkt in Deutschland: __________ __________ __________ __________ __________	Bedeutung für den Arbeitsmarkt in Deutschland: __________ __________ __________ __________ __________	Bedeutung für den Arbeitsmarkt in Deutschland: __________ __________ __________ __________ __________

Aufgaben

Aufgabe 1
Beschreiben Sie, wie der Kauf eines neuen Smartphones beim Homo oeconomicus aussähe.

Aufgabe 2
Die Wohnbau OHG in Kaiserslautern möchte in der nächsten Zeit verschiedene Marketingmaßnahmen durchführen, um Neukunden zu gewinnen.

a Beschreiben Sie, wie das Unternehmen in diesem Zusammenhang wirtschaftlich handeln könnte, wenn das Minimalprinzip zur Anwendung kommen soll.

b Beschreiben Sie, wie das Unternehmen in diesem Zusammenhang wirtschaftlich handeln könnte, wenn das Maximalprinzip zur Anwendung kommen soll.

Aufgabe 3
Beurteilen Sie die folgenden Situationen: Handeln die Menschen nach dem ökonomischen Prinzip? Und falls ja, handeln sie nach dem Minimal- oder dem Maximalprinzip? Begründen Sie Ihre Antworten.

a Tanja soll auf dem Bauernhof Ihrer Eltern 15 Kilo Kirschen für den Obstmarkt am nächsten Tag ernten. Sie versucht, diesen Auftrag so schnell wie möglich zu erledigen.

b Mehmet soll innerhalb eines Tages eine PowerPoint-Präsentation für seinen Chef erstellen. Er hat den Ehrgeiz, seinen Chef mit inhaltlich wie optisch brillanten Folien zu beeindrucken.

c Mia möchte ihre Freundin Leonie mit einem selbstgebastelten Adventskalender überraschen. Sie verbringt viele Stunden damit, 24 kleine Socken mit unterschiedlichen Mustern zu nähen und diese mit kleinen Geschenken zu füllen. Beim Basteln malt Mia sich aus, wie sehr Leonie sich über den Adventskalender freuen wird.

Aufgabe 4
Michael Erker möchte sich für einen gemütlichen Fernsehabend noch eine Tüte Chips besorgen. Obwohl er weiß, dass seine Lieblingssorte im Geschäft neben seinem Wohnhaus 50 Cent teurer ist als beim 10 km entfernten Discountmarkt, kauft er die Chips im Geschäft nebenan. Entscheiden und begründen Sie, ob Herr Erker rational handelt.

Aufgabe 5
Stephan Kaiser geht gerade über den Wochenmarkt in Offenbach, um Gemüse für das Mittagessen einzukaufen. Da er nur noch 6,00 Euro dabei hat, muss er am Gemüsestand genau abwägen, welches Gemüse er kauft. Dabei berücksichtigt er auch die Preise der verschiedenen Gemüsesorten und die Bedarfsmenge seiner Familie. Folgende Möglichkeiten stehen ihm zur Verfügung:

Gemüsesorte	Preis	Bedarfsmenge
Möhren	3,00 € pro kg	750 g
Spargel	4,00 € pro ½ kg	1 kg
Brokkoli	3,00 € pro ½ kg	750 g
Bohnen	3,00 € pro kg	500 g
Rosenkohl	1,50 € pro 100 g	500 g

a Ermitteln Sie, welche Gemüsesorten angesichts seines Budgets überhaupt infrage kommen.

b Beschreiben Sie, wie Herr Kaiser unter den infrage kommenden Gemüsesorten eine Entscheidung treffen wird. Gehen Sie dabei auch auf den Begriff „Grenznutzen“ ein.

c Begründen Sie, nach welcher Ausprägung des ökonomischen Prinzips Herr Kaiser beim Gemüsekauf vorgehen wird.

Aufgabe 6
Erläutern Sie, welche Bedeutung der Grenznutzen für die Kaufentscheidungen von privaten Haushalten hat.

Aufgabe 7
Das Konsumverhalten der Menschen entspricht in der Realität häufig nicht dem modellhaften rationalen Handeln im Sinne des Homo oeconomicus. Nennen Sie für jede der drei in der Fachkunde genannten Modellannahmen jeweils ein konkretes Beispiel einer Kaufhandlung, bei der die jeweilige Modellannahme nicht erfüllt ist.

Aufgabe 8
Erläutern Sie den Unterschied zwischen dem Bezugsgruppenmodell und dem Meinungsführermodell als soziokulturelle Erklärungsansätze für nicht rationales Konsumverhalten.

Aufgabe 9
Nennen Sie zwei Gründe, warum manche Aufgaben von öffentlichen Betrieben statt von privaten Anbietern übernommen werden.

Aufgabe 10
Recherchieren Sie im Internet und finden Sie je drei Länder, in denen

a der primäre Sektor am wichtigsten ist,

b der sekundäre Sektor am wichtigsten ist,

c der tertiäre Sektor am wichtigsten ist.

Wirtschaftsaktivitäten in das Modell des Wirtschaftskreislaufs einordnen

FK ▶ TF 11.2 | Kap. 3

Situation

Heute steht wieder das monatliche Treffen der Geschäftsführerin Ewa Nowak mit den Praktikanten Mia Klein und Deniz Özal an. Ewa Nowak möchte mit den beiden das Thema „Wirtschaftskreislauf" vertiefen und hat deshalb zwei kleine Arbeitsaufträge vorbereitet.
Mia und Deniz machen sich sofort ans Werk und verfassen die folgenden Aufsätze.

Auftrag für Deniz Özal

Beschreiben Sie in einem kurzen Aufsatz alle Wirtschaftsbeziehungen der Fly Bike Werke GmbH zu anderen Wirtschaftssubjekten, die Sie an den letzten beiden Praktikumstagen wahrgenommen haben.

Auftrag für Mia Klein

Beschreiben Sie in einem kurzen Aufsatz alle Wirtschaftsbeziehungen, die die Mitglieder Ihrer Familie an den letzten beiden Tagen zu anderen Wirtschaftssubjekten hatten.

Text von Deniz Özal

Vorgestern verbrachte ich den Tag im Rechnungswesen. Bei der Überprüfung der Kontoauszüge konnte ich erkennen, dass die Kunden Velo AG in Zürich und Nordstrad Sportbekleidung GmbH in Rostock ihre Rechnungen beglichen haben. Außerdem gab es einen Zahlungseingang von der Stadtverwaltung Koblenz für die Lieferung der 250 Fahrräder im letzten Monat.

Eine Kontobelastung gab es für die Zinszahlung an die Landessparkasse Oldenburg. Allerdings gab es auch eine Zinsgutschrift für kurzfristig auf dem Tagesgeldkonto angelegtes Geld. Und auch die staatliche Förderung für den Austausch der alten Gasheizung durch eine moderne Wärmepumpe im Verwaltungsgebäude ist auf dem Bankkonto eingegangen.

Danach habe ich Frau Taubert zugesehen, wie sie die Überweisungen der Gewerbesteuer und der Mitarbeitergehälter fertig gemacht hat.

Gestern Vormittag habe ich Frau Nemitz aus der Einkaufsabteilung über die Schulter gesehen. Sie hat Lacke bei der Kohlor GmbH in Ludwigshafen und Spezialfedergabeln bei der Shokk Ltd. in San Jose (Kalifornien) bestellt.

Am Nachmittag hat mir die Controllerin Frau Steffes erläutert, wie die Anschaffung einer neuen Produktionsmaschine mit einem Bankdarlehen finanziert wird, das vor einigen Tagen auf dem Konto der Fly Bike Werke GmbH eingegangen ist.

Text von Mia Klein

Weil meine Mutter vorgestern Geburtstag hatte, habe ich ganz früh morgens Brötchen geholt, damit wir zusammen frühstücken konnten.

Abends haben wir dann zusammen gefeiert. Mein Vater hat meiner Mutter ein Wellnesswochenende am Edersee geschenkt. Die beiden haben sofort nach einem passenden Termin geschaut und direkt beim Hotel gebucht.

Auch Lukas, das Patenkind meiner Mutter, kam zum Gratulieren. Später hat meine Mutter gesehen, dass im Umschlag mit der Glückwunschkarte 20,00 Euro lagen. Sie hatte dann ein etwas schlechtes Gewissen, da Lukas aktuell arbeitsuchend ist und nur Arbeitslosengeld bekommt.

Gestern bin ich nach meinem Praktikumstag noch mit meinem Bruder zur Bank gefahren, um Geld auf mein Sparkonto einzuzahlen. Mein Bruder hatte sein Sparbuch auch mit und hat seine Zinsen nachtragen lassen. Er hat sich total darüber aufgeregt, dass die so niedrig sind. Er ist zurzeit auch etwas knapp bei Kasse, da er vor ein paar Tagen einen Strafzettel bezahlen musste, weil er im Halteverbot geparkt hatte. Zum Glück hat er gestern seine alte DVD-Sammlung im Internet verkaufen können, an einen Käufer in Bayern.

Da ich ja hoffentlich bald selber Geld verdiene, hat mir mein Vater abends noch seine Gehaltsabrechnung erklärt. Er arbeitet bei der Stadtverwaltung in Oldenburg.

Arbeitsaufträge

1 Tragen Sie die Wirtschaftsaktivitäten der Fly Bike Werke GmbH sowie der Familie Klein in den Wirtschaftskreislauf in Arbeitsblatt 12.1 ein. Beachten Sie, dass Sie nur Geldströme eintragen. Falls Güterströme beschrieben sind, tragen Sie den zugehörigen Geldstrom ein.

2 Nennen Sie die Wirtschaftsaktivitäten, die Sie nicht eintragen konnten, und begründen Sie, warum Sie diese Ströme nicht eintragen konnten.

Arbeitsblatt 12.1 | Erweiterter Wirtschaftskreislauf

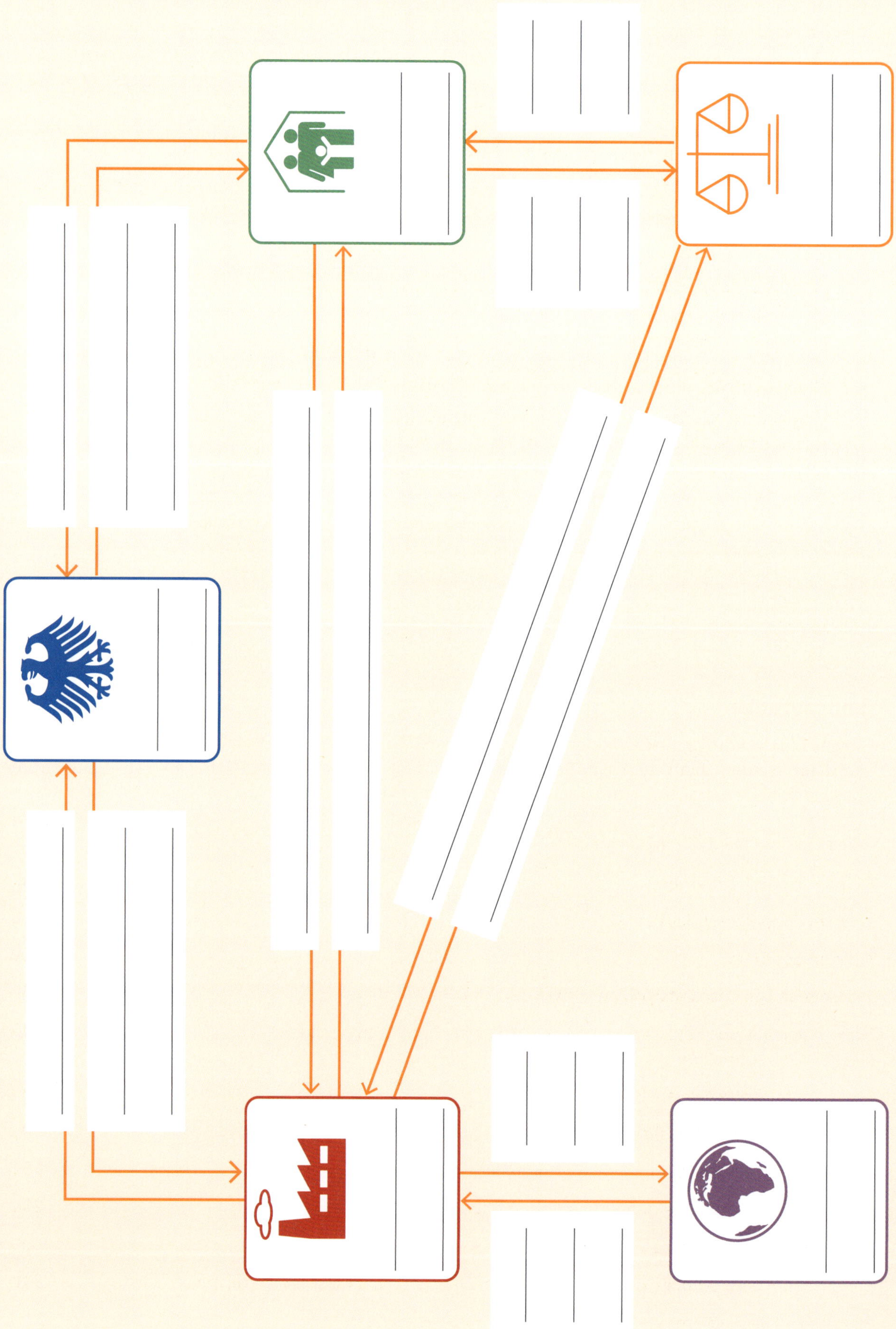

Aufgaben

Aufgabe 1
Geben Sie für jede der folgenden Wirtschaftsaktivitäten an, für welche Beziehung im Wirtschaftskreislauf sie ein Beispiel ist. Tragen Sie hierzu jeweils die Lösungszahl des zutreffenden Beziehungspfeils hinter der beschriebenen Wirtschaftsaktivität ein. Beachten Sie dabei, dass jede Lösungszahl im Schaubild einen Geldstrom repräsentiert.

a Ein landwirtschaftlicher Betrieb in der Rhön bekommt einen Landeszuschuss für die Erfüllung freiwilliger Naturschutzaufgaben.	
b Ein Kunde aus den Niederlanden begleicht eine Rechnung der Fly Bike Werke GmbH.	
c Bettina Lotto kauft sich von einem Teil ihrer Ausbildungsvergütung eine Pizza.	
d Der Bürgermeister einer nordhessischen Kleinstadt erhält seinen neuen Dienstwagen von einem Autohaus in Gießen.	
e Daniela Pieper ist Studentin in Marburg und erhält jeden Monat zur Unterstützung des Studiums 300,00 € im Rahmen des Bundesausbildungsförderungsgesetzes (BAföG).	
f Die Phoneparts KG überweist monatlich die Miete für ein Ladenlokal in der Frankfurter Innenstadt an Astrid Seils, die Eigentümerin der Immobilie ist.	

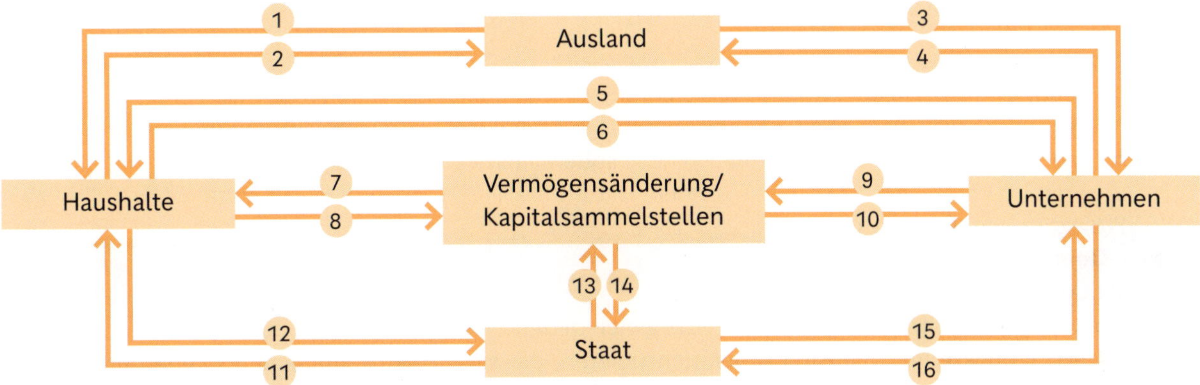

Aufgabe 2
Stellen Sie die folgenden ökonomische Aktivitäten grafisch als Kreislauf mit fünf Sektoren dar:

Ökonomische Aktivitäten	Geldeinheiten (GE)
Konsum der privaten Haushalte	700
Konsum des Staats	250
Einkommen aus unselbstständiger Arbeit der Staatsbediensteten	200
Einkommen aus unselbstständiger Arbeit sowie Einkommen aus Unternehmertätigkeit und Vermögen	1.000
Sparen der privaten Haushalte	200
Steuern der privaten Haushalte	300
Steuern der Unternehmen	150
Kreditaufnahme der Unternehmen für Investitionen	260
Zinszahlungen der Unternehmen	100
Importe der Unternehmen von Sachgütern, Dienstleistungen und Faktorleistungen	310
Exporte von Sachgütern, Dienstleistungen und Faktorleistungen	350

Lernsituation 13

Möglichkeiten nachhaltigen Wirtschaftens erörtern

FK ▶ TF 11.2 | Kap. 4

Situation

Mia Klein und Deniz Özal sind gerade im Bereich Marketing der Fly Bike GmbH im Einsatz. Doch heute fällt es allen schwer, sich auf die Arbeit zu konzentrieren.

Mia Klein: Puh, ist das heiß. Mitte Juni und 38 °C – das ist doch nicht mehr normal.

Soave Dioli: Und wir haben es hier noch vergleichsweise gut. In Italien gibt es kaum noch Wasser in den Flüssen und Seen, in Spanien werden große Teile der Ernte ausfallen – und überall auf der Welt brennen schon wieder die Wälder ... Wenn wir nicht alle zusammen ganz schnell etwas gegen die Erderhitzung tun, werden die nächsten Jahrzehnte nicht lustig.

Deniz Özal: Ich bin grad echt froh, bei einem Unternehmen zu sein, das Fahrräder und keine Autos produziert. Fahrräder machen die Sache zumindest nicht noch schlimmer.

Jan Sales: Ja, dass wir ein klimafreundliches Verkehrsmittel anbieten, ist für unser Unternehmen ein großer Pluspunkt. Viele Städte und Kommunen versuchen derzeit, das Fahrradfahren attraktiver zu machen: z. B., indem sie die Radwegenetze ausbauen und auch Grünachsen schaffen, die nur für Radfahrer und Fußgänger da sind. Und je attraktiver es wird, Fahrrad statt Auto zu fahren, desto größer wird die Nachfrage nach Fahrrädern werden.

Soave Dioli: Übrigens, in der Fly Bike Werke GmbH wird gerade eine Projektgruppe zum Thema „nachhaltiges Handeln" eingerichtet. Die soll Vorschläge erarbeiten, wie wir als Unternehmen noch nachhaltiger wirtschaften können. Darüber hinaus sollen auch Ideen entwickelt werden, wie wir alle in unserer Freizeit nachhaltiger leben können. Hätten Sie, Frau Klein und Herr Özal, Lust, bei dieser Projektgruppe dabei zu sein?

Mia Klein: Ja, klar hätte ich Lust!

Deniz Özal: Ich auch – unbedingt!

Soave Dioli: Wunderbar, dann nehme ich Sie gleich in den E-Mail-Verteiler mit auf.

Jan Sales: Produkte und Dienstleistungen anzubieten, die ein umweltfreundlicheres Leben ermöglichen, ist wichtig – und da sind wir mit unseren Fahrrädern gut aufgestellt. Doch genauso wichtig ist es, die Produktionsprozesse und den Betriebsalltag nachhaltiger zu gestalten. Da gibt es viele Ansatzpunkte. Sie können sich ja schon mal überlegen, welche das sind.

Soave Dioli: Und wenn wir es schaffen, nachhaltiger zu wirtschaften, ist das nicht nur fürs Klima, sondern auch für unser Unternehmen gut.

Deniz Özal: Ja, wenn wir z. B. Energie einsparen, haben wir weniger Kosten!

Jan Sales: Richtig. Ressourcenschonendes Wirtschaften trägt zur Kostensenkung bei. Aber nicht nur das: Es ist auch gut fürs Image. Denn immer mehr Verbraucher achten darauf, ob ein Unternehmen nachhaltig wirtschaftet. Und auch für Arbeitnehmer, insbesondere für Berufseinsteiger, wird dieser Aspekt immer wichtiger.

Mia Klein: Das stimmt. Ich möchte gerne bei einem Unternehmen arbeiten, das die Umwelt schont und Menschen gut behandelt – und nicht bei einem, dem das alles egal ist ...

Arbeitsaufträge

1 Diskutieren Sie in Gruppen über Möglichkeiten, wie ein Unternehmen wie die Fly Bike Werke GmbH nachhaltig wirtschaften kann. Entwickeln Sie Ideen für ökologisches und soziales Handeln im Unternehmen und denken Sie dabei an alle Unternehmensbereiche (Einkauf/Logistik, Produktion, Verwaltung, Vertrieb). Sammeln Sie Ihre Ideen in Arbeitsblatt 13.1.

2 Diskutieren Sie in Gruppen über Möglichkeiten, wie Sie als Privatpersonen nachhaltig leben können. Entwickeln Sie Ideen für ökologisches und soziales Handeln als Privatpersonen und denken Sie dabei an alle Lebensbereiche (Schule, Familie, Freundeskreis, Fortbewegung, Konsum, Freizeit usw.). Sammeln Sie Ihre Ideen in Arbeitsblatt 13.2.

Arbeitsblatt 13.1 | Nachhaltiges Handeln im Unternehmen

Nachhaltiges Handeln im Unternehmen

Ideen für ökologisches Handeln:	Ideen für soziales Handeln:

Arbeitsblatt 13.2 | Nachhaltiges Handeln als Privatperson

Nachhaltiges Handeln als Privatperson

Ideen für ökologisches Handeln:	Ideen für soziales Handeln:

Aufgaben

Aufgabe 1
In den letzten Jahren hat nachhaltiges Handeln insbesondere durch die negativen Auswirkungen der Klimaerwärmung an Bedeutung gewonnen.

a Recherchieren Sie, welche Ursachen für die Klimaerwärmung verantwortlich gemacht werden, und erstellen Sie eine Liste dieser Ursachen.

b Recherchieren Sie, welche negativen Auswirkungen durch die Klimaerwärmung entstanden sind und erwartet werden. Erstellen Sie hierzu ebenfalls eine Liste.

Aufgabe 2
Zur Veranschaulichung der Tatsache, dass die Weltbevölkerung die Umwelt derzeit zu stark belastet, wird häufig das Konzept des „ökologischen Fußabdrucks“ verwendet. In diesem Zusammenhang werden oft die folgenden vier Bereiche als Hauptursachen der Umweltbelastung angesehen:

- Abbau natürlicher Ressourcen
- Energieverbrauch
- Schadstoffemissionen
- Müllerzeugung

a Recherchieren und erläutern Sie, was man unter dem ökologischen Fußabdruck versteht.

b Nennen Sie zu jeder der genannten Hauptursachen der Umweltbelastung je zwei Maßnahmen, mit denen Unternehmen umweltbewusster agieren können.

c Nennen Sie zu jeder der genannten Hauptursachen der Umweltbelastung je zwei Maßnahmen, mit denen Sie umweltbewusster agieren können.

Aufgabe 3
Geben Sie für jede der folgenden Maßnahmen an, ob die Umwelt

1 geschont,
2 belastet oder
3 nicht beeinflusst wird.

a	Ein Drogeriemarkt verlangt seit Beginn des Jahres für Tragetaschen aus Kunststoff eine Umweltabgabe von 1,00 €.	
b	Ein Lebensmittelmarkt bietet seit Beginn des Jahres nur noch Tragetaschen aus Kunststoff an. Die teureren Tragetaschen aus Baumwolle wurden aus dem Sortiment genommen.	
c	Katja Ewers hat bisher alle zwei Jahre ein neues Smartphone für die Verlängerung ihres Mobilfunkvertrags bekommen. Sie wechselt den Mobilfunkanbieter, da sie bei dem neuen Anbieter jetzt jedes Jahr ein neues Smartphone erhält.	
d	In einem Lebensmittelmarkt werden keine Joghurts in Pfandgläsern mehr angeboten.	
e	Melanie Naruhn kauft für ihren dreijährigen Sohn immer häufiger gebrauchte Kleidung bei Online-Auktionen statt Neuware im Ladengeschäft.	
f	Der neue Geschäftsführer in einem Industriebetrieb lässt sich alle E-Mails von seiner Assistentin ausdrucken, da er sie lieber auf Papier liest.	
g	In einem Lebensmittelmarkt wird seit diesem Jahr mehr Gemüse und Obst aus der Region angeboten.	
h	In der Verwaltungsabteilung eines Großhandelsunternehmens werden die Einzelplatzdrucker durch einen Netzwerkdrucker in einem separaten Raum ersetzt.	

Aufgabe 4
Der Staat ergreift im Rahmen seiner Umweltpolitik Maßnahmen zur Förderung nachhaltigen Handelns. Recherchieren Sie und beschreiben Sie drei solche Maßnahmen.

Lernsituation 14

Preisbildung auf Märkten nachvollziehen

FK ▶ TF 11.2 | Kap. 5

Situation

In der Fly Bike Werke GmbH werden zurzeit Überlegungen angestellt, wie die zukünftige Sortimentsgestaltung aussehen könnte. Die Einführung von E-Bikes vor einigen Jahren war überaus erfolgreich. Daher hatte die Vertriebsleiterin, Frau Gerland, vor einigen Monaten die Idee, nun auch E-Lastenräder anzubieten. Die Geschäftsführerin Ewa Nowak war von dieser Idee sehr angetan. Sie hat Frau Gerland deshalb angewiesen, eine Marktforschungsstudie in Auftrag zu geben, damit erste Beurteilungen zur Wirtschaftlichkeit des Neuprodukts anhand der Marktsituation vorgenommen werden können.

Frau Gerland hat daraufhin eine Werbeagentur mit der Marktforschungsstudie beauftragt. Im Rahmen der Befragung wurden sowohl potenzielle Endverbraucher als auch Handelspartner der Fly Bike Werke GmbH als potenzielle Anbieter befragt.

Die Befragung der Endverbraucher, welchen Preis sie für ein hochwertiges und alltagstaugliches E-Lastenrad zu zahlen bereit wären, führte zu folgendem Ergebnis.

Gesamtnachfrage

Preis in €	2.500,00	3.000,00	3.500,00	4.000,00	4.500,00	5.000,00	5.500,00
Gesamte Nachfrage in Stück	3 400	3 000	2 600	2 200	1 800	1 400	1 000

Die Befragung der Fahrradhändler (Handelspartner der Fly Bike Werke GmbH), welche Mengen des E-Lastenrads sie bei alternativen Preisen anbieten würden, lieferte folgende Ergebnisse.

Gesamtangebot

Preis in €	2.500,00	3.000,00	3.500,00	4.000,00	4.500,00	5.000,00	5.500,00
Gesamtes Angebot in Stück	400	1 000	1 600	2 200	2 800	3 400	4 000

Arbeitsaufträge

1 Schauen Sie sich zunächst die Nachfragesituation genauer an.
   a Stellen Sie die Nachfragesituation in einem Preis-Mengen-Diagramm grafisch dar.
   b Beschreiben Sie den Verlauf der Nachfragekurve.

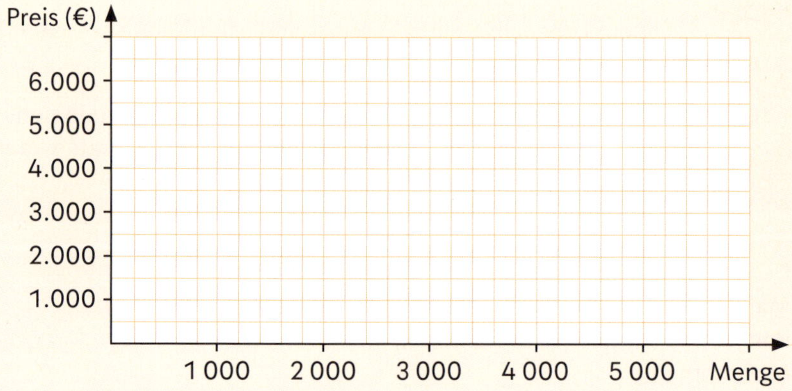

2 Die Nachfrage nach den E-Lastenrädern kann neben dem Preis noch durch weitere Faktoren beeinflusst werden. Zeichnen Sie für jeden genannten Fall die Verschiebung der Nachfragekurve ein und begründen Sie diese kurz.

	Nachfragekurve	Grund
a Durch eine Senkung der Einkommensteuer haben die Haushalte mehr Geld zur Verfügung.	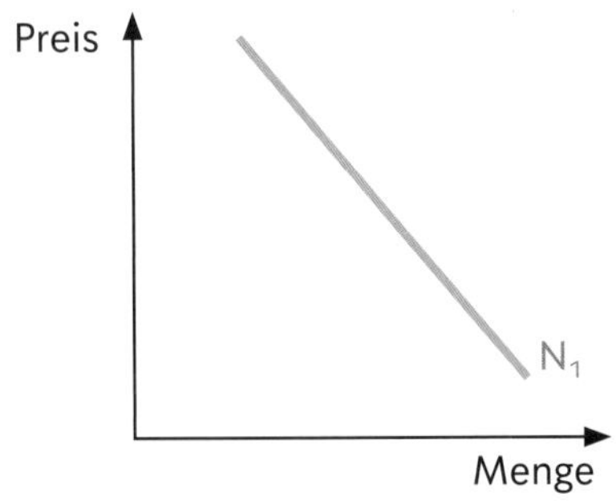	
b Der Trend zur E-Mobilität ist ungebrochen. Gleichzeitig steigen die Benzinpreise.	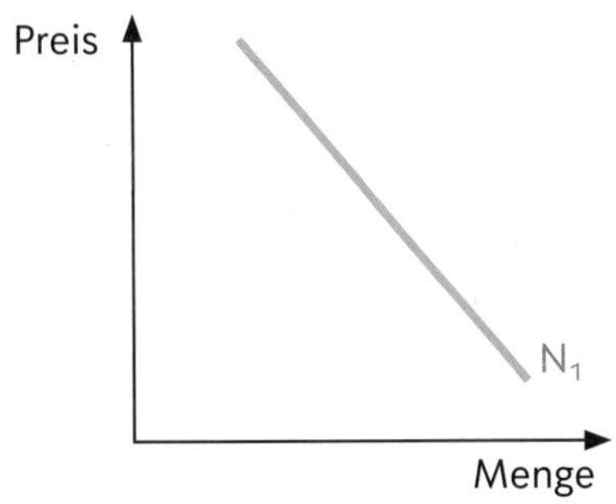	
c Aufgrund einer Wirtschaftskrise blicken die Haushalte pessimistisch in die Zukunft.	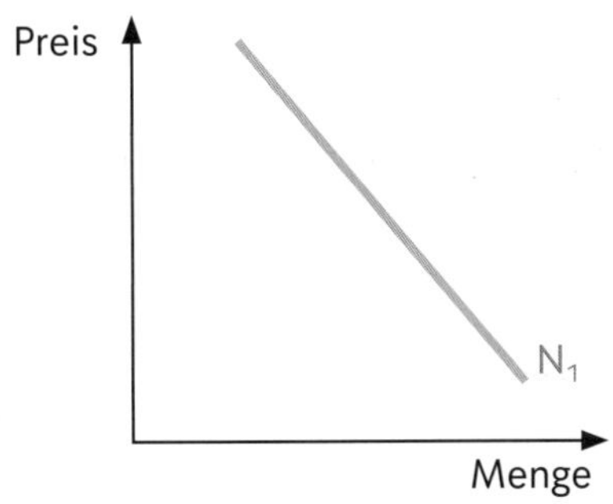	
d Die Qualität der E-Lastenräder wird immer besser (z. B. deutliche Reichweitenverbesserung durch neue Akku-Generation).	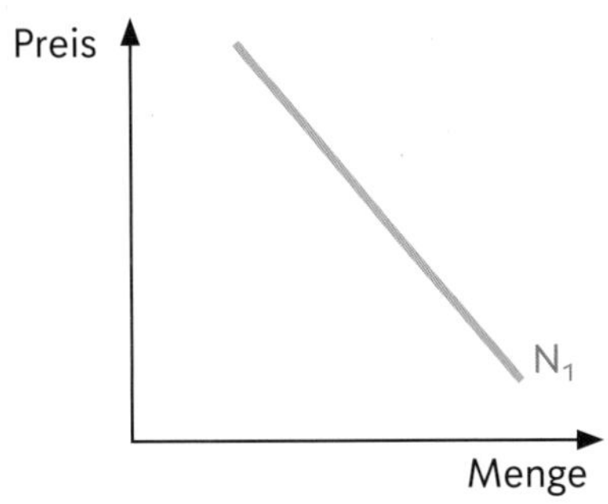	
e Aufgrund des Wegfalls staatlicher Prämien für die Anschaffung von E-Lastenrädern werden diese für die Konsumenten deutlich teurer.	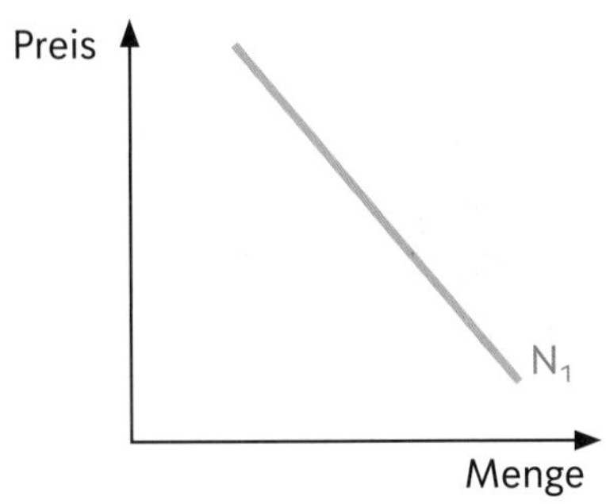	

3 Betrachten Sie nun die Ergebnisse der Befragung der Fahrradhändler (Anbieter).

  a Stellen Sie die Angebotssituation in einem Preis-Mengen-Diagramm grafisch dar.

  b Beschreiben Sie den Verlauf der Angebotskurve.

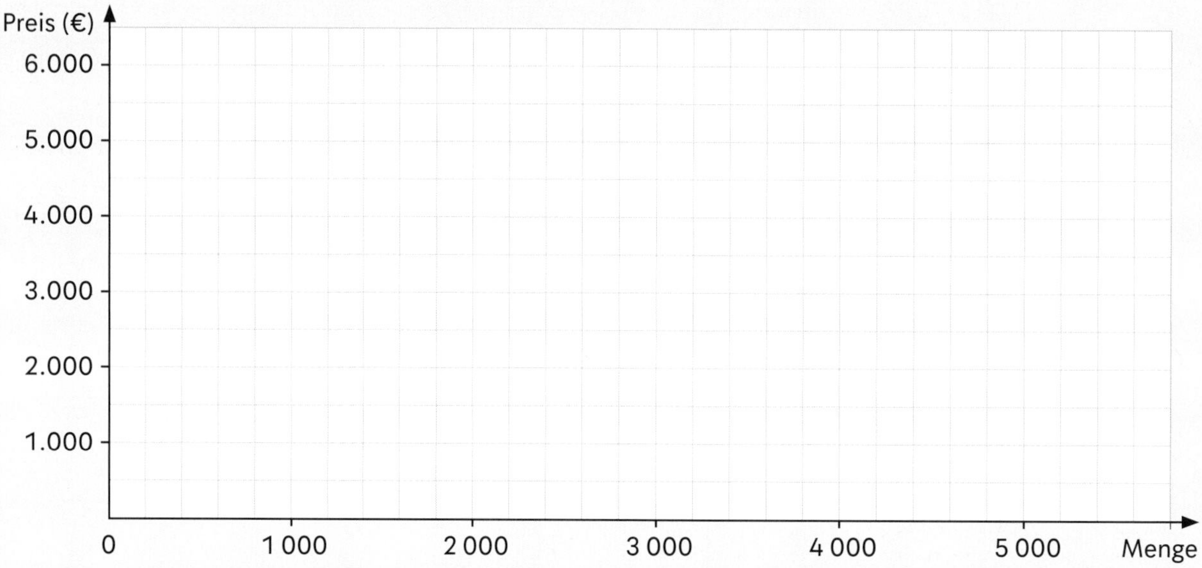

4 Im nächsten Schritt untersuchen Sie, welcher Preis sich am Markt bilden wird.

  a Führen Sie die Nachfragekurve und die Angebotskurve im Preis-Mengen-Diagramm zusammen und ermitteln Sie den Gleichgewichtspreis und die Gleichgewichtsmenge.

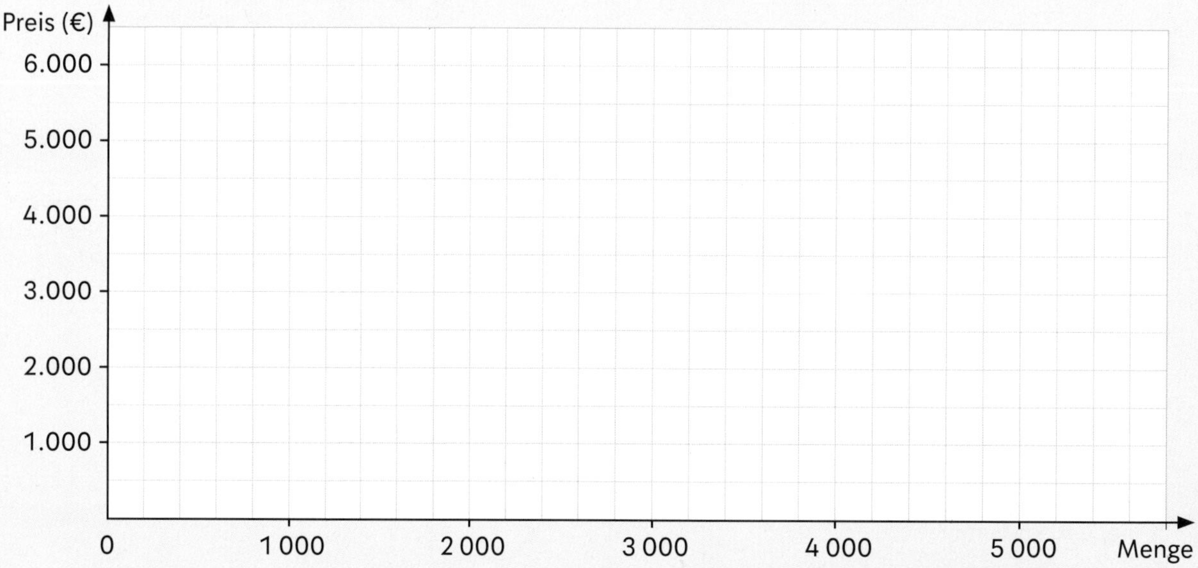

  b Beschreiben Sie die Marktsituation und die zu erwartende Reaktion der Fahrradhändler, wenn das Lastenrad zunächst zu einem Preis von 3.500,00 Euro angeboten würde.

  c Beschreiben Sie die Marktsituation und die zu erwartende Reaktion der Fahrradhändler, wenn das Lastenrad zunächst zu einem Preis von 5.000,00 Euro angeboten würde

  d Ermitteln Sie den Preis, bei dem der höchste Absatz erzielt wird.

  e Geben Sie an, wie viele Lastenräder abgesetzt werden bei einem Preis von

  - 3.000,00 Euro,
  - 5.500,00 Euro.

5 Im Rahmen der Konsumentenbefragung wurde bei den möglichen Konsumenten auch zwischen verschiedenen Konsumentengruppen unterschieden. Auffällig dabei war der Unterschied zwischen jüngeren und älteren Konsumenten. Folgende Detailergebnisse der Erhebung liegen dazu vor:

Untergruppe „Senioren"

Preis in €	2.500,00	3.000,00	3.500,00	4.000,00	4.500,00	5.000,00	5.500,00
Gesamte Nachfrage in Stück	1 500	1 200	900	600	300	–	–

Untergruppe „Junge Menschen"

Preis in €	2.500,00	3.000,00	3.500,00	4.000,00	4.500,00	5.000,00	5.500,00
Gesamte Nachfrage in Stück	950	900	850	800	750	700	650

a Zeichnen Sie die Nachfragekurven beider Gruppen in die nachfolgenden Preis-Mengen-Diagramme ein.

Senioren:

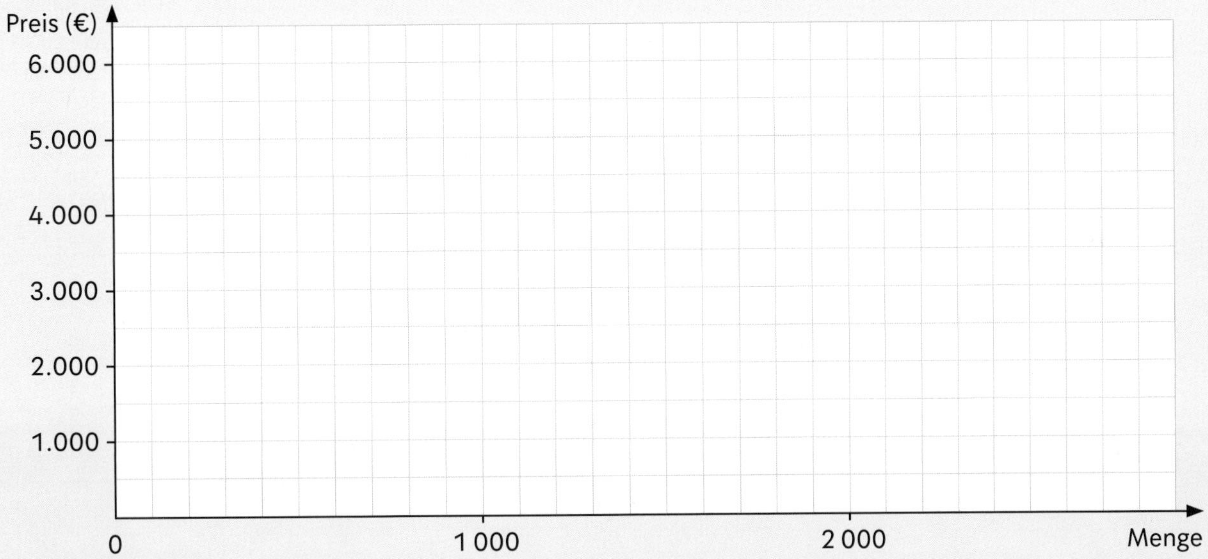

Junge Menschen:

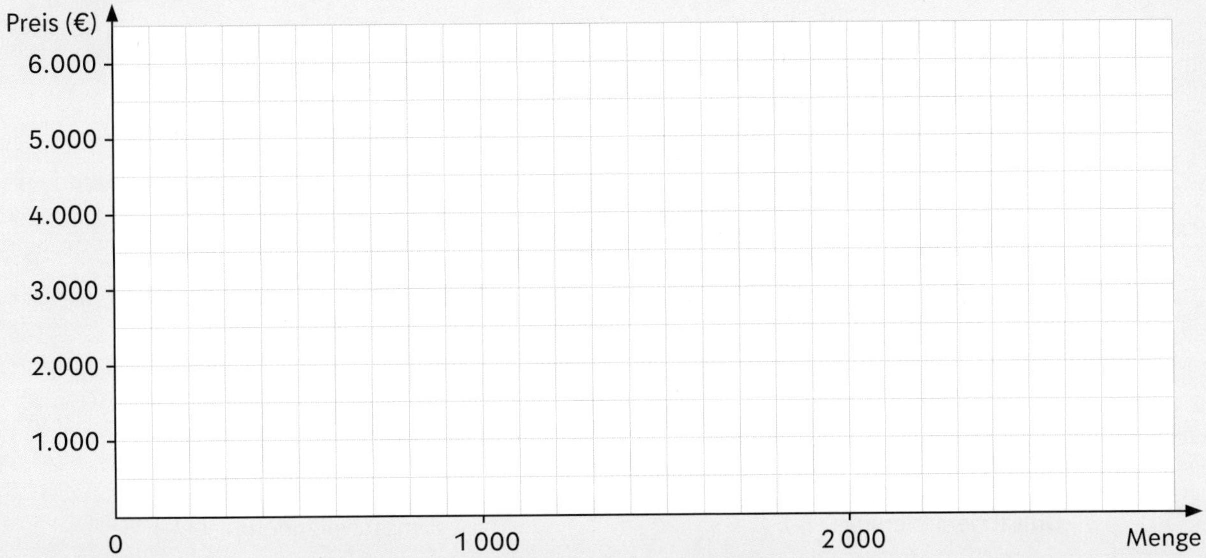

b Beurteilen Sie anschließend die Unterschiede der beiden Nachfragekurven hinsichtlich der Preiselastizität der Nachfrage.

c Untersuchen Sie ausgehend von einem angenommenen Marktpreis von 4.000 Euro jeweils die Auswirkungen, die eine Preiserhöhung bzw. eine Preissenkung mit sich bringen würde. Nutzen Sie hierfür die Schaubilder auf den folgenden zwei Seiten. Interpretieren Sie jeweils Ihre Ergebnisse.

Auswirkungen von Preisveränderungen in der Gruppe „Senioren“

Ausgangslage: Preis 4.000,00 €, Nachfrage: 600 Stück

Preiserhöhung auf 4.500,00 €

(= + ______________________ %)

Nachfrage: ______________________ Stück

(= – ______________________ %)

Preiselastizität der Nachfrage:

$E_N = \left| \frac{}{} \right| =$ __________

Umsatz vor der Preisänderung

______________________ €

Umsatz nach der Preisänderung

______________________ €

Umsatzveränderung (+/–):

______________________ €

Preissenkung auf 3.500,00 €

(= – ______________________ %)

Nachfrage: ______________________ Stück

(= + ______________________ %)

Preiselastizität der Nachfrage:

$E_N = \left| \frac{}{} \right| =$ __________

Umsatz vor der Preisänderung

______________________ €

Umsatz nach der Preisänderung

______________________ €

Umsatzveränderung (+/–):

______________________ €

Auswirkungen von Preisveränderungen in der Gruppe „Junge Menschen“

Ausgangslage: Preis 4.000,00 €, Nachfrage: 800 Stück

Preiserhöhung auf 4.500,00 €	Preissenkung auf 3.500,00 €
(= + ______ %)	(= – ______ %)
Nachfrage: ______ Stück	Nachfrage: ______ Stück
(= – ______ %)	(= + ______ %)
Preiselastizität der Nachfrage:	Preiselastizität der Nachfrage:
$E_N = \left\lvert \frac{\_\_\_}{\_\_\_} \right\rvert =$ ______	$E_N = \left\lvert \frac{\_\_\_}{\_\_\_} \right\rvert =$ ______
Umsatz vor der Preisänderung	Umsatz vor der Preisänderung
______ €	______ €
Umsatz nach der Preisänderung	Umsatz nach der Preisänderung
______ €	______ €
Umsatzveränderung (+/–):	Umsatzveränderung (+/–):
______ €	______ €

Arbeitsblatt 14.1 | Verhalten von Nachfragern und Anbietern

Vervollständigen Sie das folgende Schaubild mit passenden Erläuterungen, Grafiken und Stichpunkten.

Der Markt koordiniert die Interessen von

Nachfragern
Die gesamte Nachfragemenge auf einem Markt ist vor allem abhängig vom Preis des betrachteten Gutes.

Gesetz der Nachfrage:

Grafische Darstellung als Nachfragekurve:

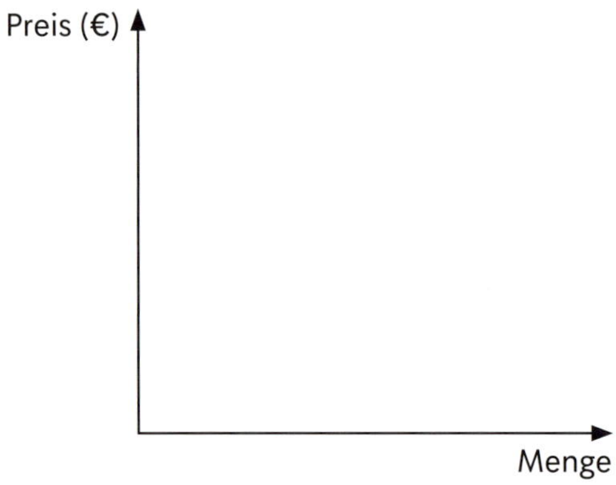

Weitere Bestimmungsfaktoren der Nachfragemenge:

Anbietern
Die gesamte Angebotsmenge auf einem Markt ist ebenfalls abhängig vom erzielbaren Preis des betrachteten Gutes.

Gesetz des Angebots:

Grafische Darstellung als Angebotskurve:

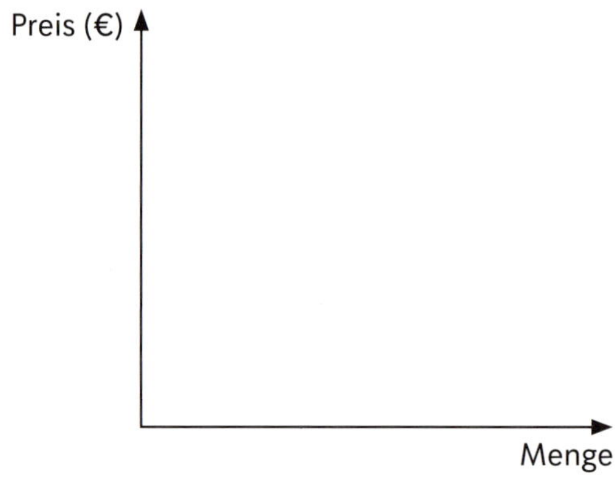

Weitere Bestimmungsfaktoren der Angebotsmenge:

Arbeitsblatt 14.2 | Preisbildung im Modell des vollkommenen Marktes

Ordnen Sie die folgenden Begriffe richtig ein.

das Angebot – die Nachfrage – vollkommenen Marktes – Angebotsüberhang – Gleichgewichtspreis – Nachfragekurve – Preismechanismus – Angebotslücke – sinken – Nachfrage – steigen – Angebotskurve – Gleichgewichtspreises – die Nachfrage – das Angebot – Nachfrageüberhang – Gleichgewichtspreises – Nachfragelücke – Gleichgewichtsmenge – Angebot

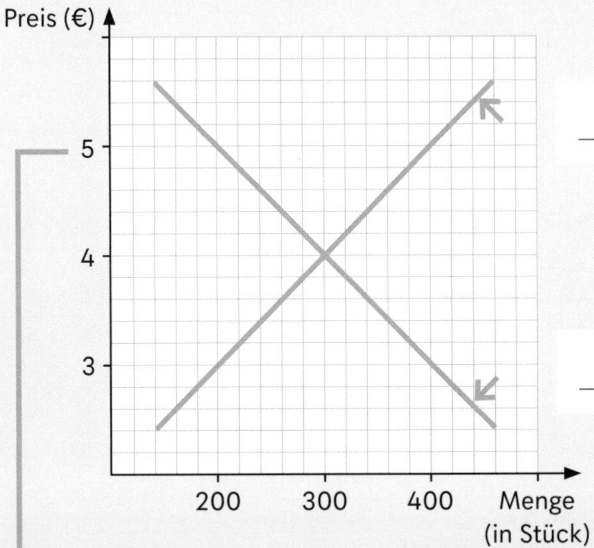

____

____

im Beispiel: Situation bei einem Preis von 5,00 €

im Beispiel: Situation bei einem Preis von 3,00 €

Bei einem Preis oberhalb des ______________ ______________ liegt ein ______________ ______________ vor. Man spricht auch von einer ______________________, da ______________________ kleiner ist als ______________________. Aus diesem Grund wird der Preis ______________.

Bei einem Preis unterhalb des ______________ ______________ liegt ein ______________ ______________ vor. Man spricht auch von einer ______________________, da ______________________ kleiner ist als ______________________. Aus diesem Grund wird der Preis ______________.

Im Modell des ______________________________ sind ______________ und ______________ auf Märkten langfristig immer im Gleichgewicht. Der ______________________ führt dazu, dass letztlich die ______________________ zum ______________________ abgesetzt wird.

Arbeitsblatt 14.3 | Modell des vollkommenen Marktes in der Realität

Tragen Sie in die linke Spalte die Bedingungen des Modells des vollkommenen Marktes inklusive einer kurzen Erläuterung ein. Tragen Sie rechts daneben jeweils konkrete Beispiele von realen Marktsituationen ein, in denen die jeweilige Modellbedingung nicht erfüllt ist.

Modell des vollkommenen Marktes

Bedingungen in der Theorie	Abweichungen in der Realität
1	
2	
3	
4	*Viele Autofahrer bevorzugen Tankstellen, die „auf dem Weg" liegen, und nehmen keine Umwege für einen günstigeren Preis in Kauf. Sie haben somit räumliche Präferenzen.*
5	

Arbeitsblatt 14.4 | Marktformen

Nennen Sie die jeweilige Marktform und geben Sie jeweils ein eigenes Beispiel an, indem Sie die Anbieter und Nachfrager nennen.

	ein Nachfrager	wenige Nachfrager	viele Nachfrager
ein Anbieter	Marktform: zweiseitiges Monopol Beispiel: • Anbieter: ein Hersteller von abhörsicheren Mobiltelefonen • Nachfrager: Staat	Marktform: ___ Beispiel: • Anbieter: ___ • Nachfrager: ___	Marktform: ___ Beispiel: • Anbieter: ___ • Nachfrager: ___
wenige Anbieter	Marktform: ___ Beispiel: • Anbieter: ___ • Nachfrager: ___	Marktform: ___ Beispiel: • Anbieter: ___ • Nachfrager: ___	Marktform: ___ Beispiel: • Anbieter: ___ • Nachfrager: ___
viele Anbieter	Marktform: ___ Beispiel: • Anbieter: ___ • Nachfrager: ___	Marktform: ___ Beispiel: • Anbieter: ___ • Nachfrager: ___	Marktform: ___ Beispiel: • Anbieter: ___ • Nachfrager: ___

Aufgaben

Aufgabe 1

Im niederländischen Rotterdam wird Rohöl auf einer Warenbörse gehandelt. Interessierte Käufer und Verkäufer geben zu bestimmten Terminen ihre verschiedenen Preisvorstellungen ab. Für den nächsten Versteigerungstermin liegen die folgenden Kauf- und Verkaufsaufträge vor:

einzelne Kaufaufträge		
Käufer	gewünschte Nachfragemenge (in Barrel)	Preisobergrenze (in US-Dollar pro Barrel)
A	300	122
B	50	123
C	100	124
D	50	125
E	150	126
F	200	127
G	100	128

einzelne Verkaufaufträge		
Verkäufer	gewünschte Angebotsmenge (in Barrel)	Preisuntergrenze (in US-Dollar pro Barrel)
H	150	128
I	50	127
J	150	126
K	50	125
L	150	124
M	50	123
N	50	122

a Vervollständigen Sie die folgende Tabelle mit den Gesamtnachfrage- und Gesamtangebotsmengen. Berücksichtigen Sie, dass ein Käufer zu einem niedrigeren Preis als seinem Maximalpreis natürlich auch kaufen würde. Ebenso würde ein Verkäufer immer auch zu einem höheren Preis verkaufen.

gesamte Nachfragemenge	**Preis (in US-Dollar pro Barrel)**	**gesamte Angebotsmenge**
	122	
	123	
	124	
	125	
	126	
	127	
	128	

b Zeichnen Sie die Nachfrage- und Angebotskurve in ein Koordinatensystem ein.

c Ermitteln Sie
- **ca** den Gleichgewichtspreis,
- **cb** die Gleichgewichtsmenge,
- **cc** den Absatz und
- **cd** den Umsatz.

d Erläutern Sie die Konsequenzen aus dieser Preisermittlung
- **da** für Käufer B,
- **db** für Käufer F,
- **dc** für Verkäufer I und
- **dd** für Verkäufer L.

Aufgabe 2
Schauen Sie die nebenstehende Grafik an.
a Welche Beschriftungen passen zu den Ziffern 1 bis 8?
b Erklären Sie, was ein Angebotsüberhang (Nachfragelücke) ist.
c Erklären Sie, was ein Nachfrageüberhang (Angebotslücke ist.

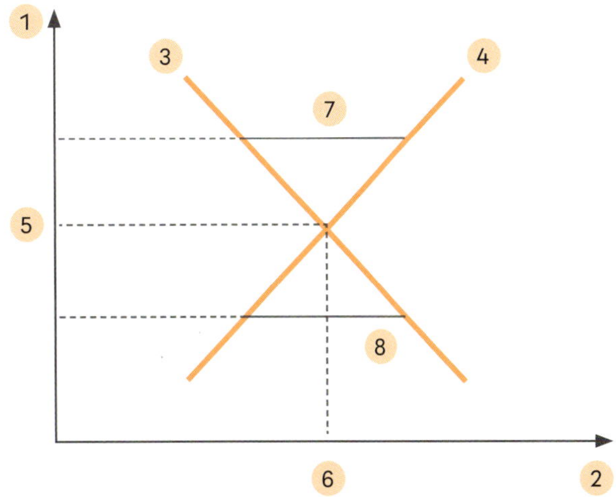

Aufgabe 3
Begründen Sie, warum der Markt als Koordinationszentrum von Nachfrage und Angebot der zentrale Lenkungsmechanismus für die wirtschaftlichen Aktivitäten der Unternehmen ist.

Aufgabe 4
Auf einem regionalen Markt für Bio-Süßkartoffeln liegen folgende Informationen zum Nachfrageverhalten vor:

Preis in € pro kg	2,00	4,00	6,00	8,00	10,00	12,00
gesamte Nachfragemenge in kg	800	650	500	350	200	50

a Stellen Sie die Nachfragesituation durch die Nachfragekurve dar.
b Beurteilen Sie, ob folgende Ereignisse eine Verschiebung dieser Nachfragekurve nach links oder rechts bewirken.
ba Ein Verbrauchermagazin hat aufgedeckt, dass in Deutschland in großem Stil Bio-Süßkartoffeln angeboten werden, in denen eine hohe Konzentration chemischer Düngemittel gemessen wurde.
bb Durch eine Reform der Einkommenssteuer zugunsten der Steuerzahler steigen die Haushaltseinkommen in Deutschland.
bc In Deutschland ist ein weiterhin stark zunehmender Trend zu Bio-Lebensmitteln zu verzeichnen.
bd Die Produktionskosten der Landwirte, die Bio-Süßkartoffeln anbauen, steigen aufgrund des schlechten Wetters in diesem Jahr stark an.

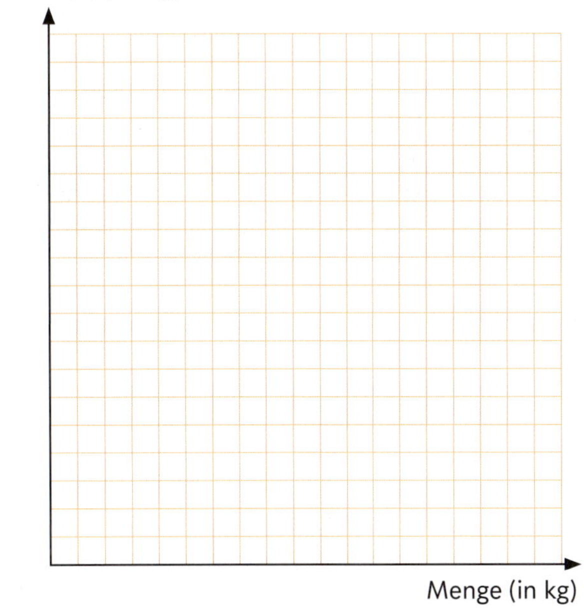

Aufgabe 5
Zeigen Sie für die folgenden Ereignisse die Auswirkungen auf die Nachfragekurve, die Angebotskurve, die Gleichgewichtsmenge sowie den Gleichgewichtspreis in einem Diagramm.
a Die deutsche Fußballnationalmannschaft gewinnt die Weltmeisterschaft. Was passiert auf dem Markt für Trikots der Nationalmannschaft?
b Eine Gesundheitsstudie ergibt, dass der Konsum von zuckerhaltigen Softdrinks das Krebsrisiko erhöht. Was passiert auf dem Markt für Cola?
c Aufgrund einer Unwetterphase werden große Teile der Kakaoernte des Jahres vernichtet. Was passiert auf dem Markt für Schokolade?
d Vor der deutschen Nordseeküste werden unerwartet große Erdgasfelder entdeckt. Was passiert auf dem Erdgasmarkt?

Aufgabe 6
In der Realität gibt es nur wenige vollkommene Märkte.

a Nennen und erläutern Sie die Merkmale eines vollkommenen Marktes.

b Entscheiden Sie für die nachfolgenden Beispiele, ob es sich um vollkommene Märkte handelt.
- Ebay-Kleinanzeigen
- Handytarife
- Aktienbörse

Aufgabe 7
Begründen Sie anhand der folgenden Beispiele, welche Bedingung(en) des vollkommenen Marktes jeweils nicht erfüllt ist/sind.

a In der nordrhein-westfälischen Kleinstadt Porta Westfalica bietet die Bäckerei Daniel ihr normales Brötchen für 0,39 € an, obwohl die Konkurrenz deutlich günstigere Preise hat. Da die Bäckerei Daniel aber dafür bekannt ist, den Teig vor Ort aus hochwertigen Zutaten selbst herzustellen, erfreut sie sich einer großen Nachfrage.

b In dem kleinen nordrhein-westfälischen Dorf Uffeln gibt es nur noch die Dorfbäckerei Korte. Da die nächstgelegene Stadt Vlotho ca. 6 km entfernt ist, hat die Bäckerei Korte noch immer eine große Stammkundschaft, obwohl die Backwaren dort teurer sind als bei den Bäckern in der Stadt Vlotho.

c Die Bäckerei Hänschen in Bad Oeynhausen hat die attraktive Bäckereifachverkäuferin Iris Renner eingestellt. Obwohl die Backwaren dort als überteuert gelten, kauft ein großer Teil der männlichen Bevölkerung von Bad Oeynhausen inzwischen wieder in der Bäckerei Hänschen ein.

d Die Tankstelle Hofmann in Bad Oeynhausen verkauft besonders viele Backwaren in den Abendstunden, obwohl die Preise hier deutlich höher sind als bei den örtlichen Bäckern.

e Auch die drei Tankstellen an der großen Durchfahrtsstraße von Bad Oeynhausen verdienen trotz hoher Preise relativ viel Geld mit Backwaren. Sie profitieren von den vielen Geschäftsreisenden, die den Tankstopp mit einem kleinen Imbiss verbinden.

f Das Seniorenehepaar Lieselotte und Karl-Heinz zur Heide wohnt in der Innenstadt von Bad Oeynhausen. Sie kaufen ihre Backwaren aus Gewohnheit beim relativ teuren Bäcker Schmoland. Die Angebote der anderen Innenstadtbäcker – insbesondere deren Preise – sind ihnen gar nicht bekannt.

Aufgabe 8
Geben Sie für die beschriebenen Märkte jeweils an, welche Marktform vorliegt.

a Inzwischen gibt es in Deutschland viele Energieversorgungsunternehmen.

b In Ostwestfalen gibt es nur zwei Zuckerfabriken, die die Zuckerrüben der vielen Landwirte verarbeiten.

Aufgabe 9
Erläutern Sie den Unterschied zwischen einem vollkommenen Polypol und einem unvollkommenen Polypol.

Aufgabe 10
Begründen Sie, warum Anbieter Interesse daran haben, dass polypolistische Märkte unvollkommen sind, und beschreiben Sie anhand von zwei Beispielen, wie Anbieter für diese Unvollkommenheit sorgen.

Aufgabe 11
Begründen Sie, warum die Preisabsatzfunktion eines Anbieters in einem unvollkommenen Polypol „doppelt geknickt“ ist.

Aufgabe 12
Erläutern Sie den Unterschied zwischen einem unvollkommenen Polypol und einem unvollkommenen Oligopol. Was bedeutet dieser Unterschied für die Anbieter in oligopolistischen Märkten?

Aufgabe 13
Erläutern Sie die folgende Aussage: „Je unelastischer die Nachfrage, desto größer die Macht des Monopolisten.“

Aufgabe 14
Erläutern Sie, warum der Preisbildungsmechanismus nicht bei allen Gütern funktioniert.

Aufgabe 15
Erläutern Sie, was „Marktversagen“ bedeutet.

Selbsteinschätzung TF 11.2

Ich kann ...	Kann ich	Kann ich nicht
Aufgaben der Volkswirtschaftslehre und Grundlagen ökonomischen Handelns		
1 ... Betriebswirtschaftslehre und Volkswirtschaftslehre unterscheiden.		
2 ... die Aufgabenbereiche der Volkswirtschaftslehre beschreiben.		
3 ... die Begriffe „Bedürfnis“, „Bedarf“ und „Nachfrage“ unterscheiden sowie deren Zusammenhang beschreiben.		
4 ... Bedürfnisse nach unterschiedlichen Kriterien einteilen.		
5 ... die Bedürfnisebenen der Bedürfnispyramide nach Abraham Maslow beschreiben und die pyramidenförmige Darstellung begründen.		
6 ... die verschiedenen Güterarten unterscheiden.		
7 ... begründen, warum Menschen „wirtschaften“.		
8 ... erläutern, was man unter dem Homo oeconomicus versteht.		
9 ... das ökonomische Prinzip als Mittel zur Nutzenmaximierung darstellen.		
10 ... Minimal- und Maximalprinzip als Ausprägungen des ökonomischen Prinzips unterscheiden.		
11 ... erklären, was der Grenznutzen ist.		
12 ... beschreiben, wie sich der Grenznutzen bei zunehmendem Konsum eines Gutes verändert.		
13 ... irrationales Konsumverhalten anhand von psychologischen und soziokulturellen Erklärungsansätzen begründen.		
14 ... privatwirtschaftliche und öffentliche Betriebe sowie deren unterschiedliche Zielsetzungen unterscheiden.		
15 ... Wirtschaftssektoren unterscheiden und Betriebe diesen zuordnen.		
16 ... erklären, wie sich die Wirtschaftssektoren in den letzten Jahrzehnten entwickelt haben.		
Wirtschaftskreislauf		
1 ... die Güter- und Geldströme zwischen den Wirtschaftsteilnehmern im einfachen Wirtschaftskreislauf darstellen und zuordnen.		
2 ... die Sektoren im erweiterten Wirtschaftskreislauf nennen sowie die Geldströme darstellen und zuordnen.		
Ökologie und nachhaltige Entwicklung		
1 ... das Verhältnis von Ökonomie und Ökologie beschreiben.		
2 ... ökologische Folgen wirtschaftlichen Handelns erläutern und bewerten.		
3 ... erläutern, was man unter nachhaltiger Entwicklung versteht.		
4 ... aus Sicht von Unternehmen und privaten Haushalten Maßnahmen für ein nachhaltiges und verantwortungsbewusstes Handeln entwickeln.		
5 ... Agenda 21 und Agenda 2030 erklären.		

Selbsteinschätzung TF 11.2

Ich kann ...	Kann ich	Kann ich nicht
Markt- und Preisbildungsprozesse		
1 ... erklären, was ein Markt ist.		
2 ... die Funktionen des Marktes erläutern.		
3 ... Marktarten nach verschiedenen Kriterien unterscheiden.		
4 ... alle neun Marktformen nennen und anhand der Anzahl von Nachfragern und Anbietern definieren.		
5 ... die Modellannahmen des vollkommenen Marktes nennen.		
6 ... das Gesetz der Nachfrage beschreiben und den typischen Verlauf einer Nachfragekurve zeichnen.		
7 ... beurteilen, wie sich die Nachfragekurve aufgrund verschiedener Ereignisse verschiebt.		
8 ... erklären, was man unter der Preiselastizität der Nachfrage versteht.		
9 ... zwischen unelastischer Nachfrage und elastischer Nachfrage unterscheiden.		
10 ... erklären, was man unter der Preiselastizität des Angebots versteht.		
11 ... zwischen elastischem und unelastischem Angebot unterscheiden.		
12 ... im Marktmodell Ungleichgewichte in Form von Nachfrage- und Angebotsüberhängen erkennen.		
13 ... begründen, warum Marktungleichgewichte einen Preismechanismus auslösen, der den Markt ins Gleichgewicht bringt.		
14 ... die Funktionen des Gleichgewichtspreises beschreiben.		
15 ... erläutern, was Marktversagen ist und welche Gründe zu Marktversagen führen können.		
16 ... begründen, warum die Preisabsatzfunktion im unvollkommenen Polypol doppelt geknickt ist.		
17 ... begründen, warum es im unvollkommenen Polypol monopolistische Preisspielräume und polypolistische Bereiche gibt.		
18 ... die möglichen Preisstrategien im unvollkommenen Oligopol erläutern.		

Lernsituation 15

Aufgaben und Bereiche des Rechnungswesens abgrenzen und rechtliche Grundlagen beachten

FK ▶ TF 11.3 | Kap. 1

Situation

Ben Freitag hat sich selbstständig gemacht. Durch gute Kontakte zu verschiedenen Lebensmitteldiscountern und deren Lieferanten ist es ihm gelungen, preisgünstig an Sonderposten aller Art von verschiedenen Filialunternehmen zu gelangen. Diese in Werbeaktionen der Filialisten nicht vollständig abgesetzten Waren übernimmt er in großen Mengen und mit einem kräftigen Preisnachlass zur Weiterveräußerung. Zuerst hat er diese Waren auf Trödelmärkten an Wochenenden angeboten – nebenberuflich. Als weiterer Absatzweg ist dann das Internet hinzugekommen. Ebay-Powerseller mit fast ausschließlich sehr guten Bewertungen zu sein, das lohnt sich – macht aber auch viel Arbeit. Seinen Hauptjob hat Ben Freitag deshalb aufgeben müssen. Für den ganzen „Bürokram" hat er jetzt eine Mitarbeiterin eingestellt. Sein Steuerberater hat ihm erfreut mitgeteilt, dass er in diesem Jahr 520.000,00 € Umsatz erzielt hat und der Gewinn 64.000,00 € betrug.

Arbeitsauftrag

Stellen Sie fest, ob Ben Freitag nach den folgenden Gesetzen buchführungspflichtig ist.

Handelsgesetzbuch

§ 1 HGB

1 Kaufmann im Sinne dieses Gesetzbuchs ist, wer ein Handelsgewerbe betreibt.

2 Handelsgewerbe ist jeder Gewerbebetrieb, es sei denn, dass das Unternehmen nach Art oder Umfang einen in kaufmännischer Weise eingerichteten Geschäftsbetrieb nicht erfordert.

§ 238 HGB Buchführungspflicht

1 Jeder Kaufmann ist verpflichtet, Bücher zu führen. [...]

§ 241a HGB Befreiung von der Pflicht zur Buchführung und Erstellung eines Inventars

Einzelkaufleute, die an den Abschlussstichtagen von zwei aufeinander folgenden Geschäftsjahren nicht mehr als 600.000 Euro Umsatzerlöse und 60.000 Euro Jahresüberschuss aufweisen, brauchen die §§ 238 bis 241 nicht anzuwenden. Im Fall der Neugründung treten die Rechtsfolgen schon ein, wenn die Werte des Satzes 1 am ersten Ab-schlussstichtag nach der Neugründung nicht überschritten werden.

Abgabenordnung

§ 140 AO Buchführungs- und Aufzeichnungspflichten nach anderen Gesetzen

Wer nach anderen Gesetzen als den Steuergesetzen Bücher und Aufzeichnungen zu führen hat, die für die Besteuerung von Bedeutung sind, hat die Verpflichtungen, die ihm nach den anderen Gesetzen obliegen, auch für die Besteuerung zu erfüllen.

§ 141 AO Buchführungspflicht bestimmter Steuerpflichtiger

1 Gewerbliche Unternehmer sowie Land- und Forstwirte, die nach den Feststellungen der Finanzbehörde für den einzelnen Betrieb

1 Umsätze einschließlich der steuerfreien Umsätze [...] von mehr als 600.000 Euro im Kalenderjahr oder [...]

4 einen Gewinn aus Gewerbebetrieb von mehr als 60.000 Euro im Wirtschaftsjahr [...] gehabt haben, sind auch dann verpflichtet, für diesen Betrieb Bücher zu führen und auf Grund jährlicher Bestandsaufnahmen Abschlüsse zu machen, wenn sich eine Buchführungspflicht nicht aus § 140 ergibt. [...]

Arbeitsblatt 15.1 | Aufgaben und Bereiche des Rechnungswesens

1 Vervollständigen Sie nachfolgende Übersicht und ermitteln Sie die Wertschöpfung.

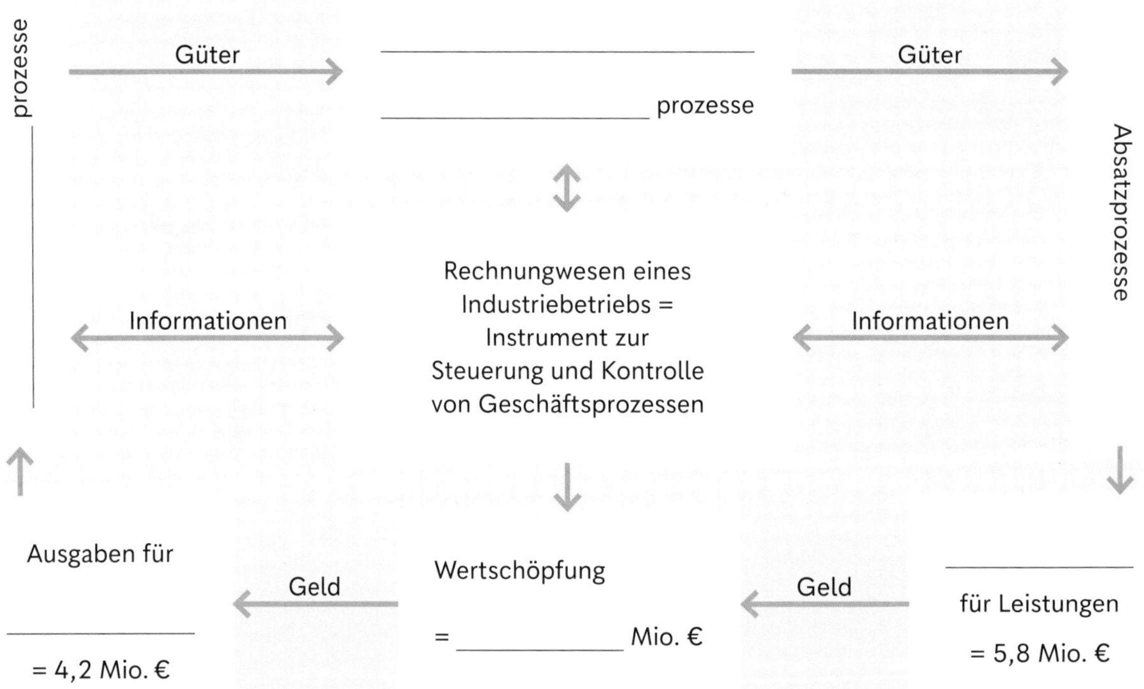

2 Ordnen Sie den Bereichen des Rechnungswesens ausgewählte Aufgaben in Wertschöpfungsprozessen zu, indem Sie den Bereichen 1–6 die richtigen Aufgaben a–f zuordnen.

Bereiche des Rechnungswesens	Zuordnung
1 Finanzbuchhaltung	
erfasst Basisdaten für	
2 Jahresabschluss	
und	
3 Kosten- und Leistungsrechnung	
und	
4 Planung	
und	
5 Controlling	
und	
6 Statistik	
zum Zwecke weiterer betrieblicher Entscheidungen	

Ausgewählte Aufgaben (Beispiele)
a Erstellen eines Produktionsplans
b Grafik „Einnahmen je Kunde“ erstellen
c Gegenüberstellung von Plan- und Istwerten
d Gewinn-und-Verlust-Rechnung aufstellen
e wertmäßige Erfassung der Ein- und Verkäufe
f Kosten für ein Produkt ermitteln

Arbeitsblatt 15.2 | Buchführungspflicht und GoB

Ein gewerblicher Unternehmer[1] ist gesetzlich buchführungspflichtig nach:

Handels	und/oder	Abgaben
wenn er		wenn
	und	sein Jahresumsatz > oder
		sein Gewinn > sind.

[1] Für Einzelkaufleute gelten zusätzlich die Umsatz- und die Gewinngrenze der Abgabenordnung (AO).

Die Buchführung muss so beschaffen sein, dass

ein ______________________ in ______________________

einen ______________________

und einen ______________________.

Ist die Buchführung eines Unternehmens nicht ordnungsgemäß, dann drohen nach § 283 StGB

______________________ oder ______________________.

Grundsätze ordnungsmäßiger Buchführung (GoB)

Die Gebote der ______________ und ______________ besagen, dass kein Geschäftsvorfall in der Buchführung unberücksichtigt bleiben darf oder falsch erfasst wird. Dabei muss die Buchführung ______________ erfolgen. Kasseneinnahmen und -ausgaben sollen ______________ erfasst werden. Für jede Buchung muss ein ______________ vorhanden sein. Eine ______________ der Belege ist notwendig. Handelsbücher und Aufzeichnungen müssen in einer ______________ geführt werden. Die ______________ der Buchführung in Deutschland ist der ______________.

Eintragungen oder Aufzeichnungen dürfen nicht in einer Weise verändert werden, dass der ______________ nicht mehr feststellbar ist. Verboten sind z. B. ______________, ______________ oder Überschreiben. Alle Buchführungsunterlagen müssen nach gesetzlichen Zeitvorgaben ______________ werden; im Original oder auf ______________.

Begriffe zu den Grundsätzen ordnungsgemäßer Buchführung: aufbewahrt, Beleg, Bild- oder Datenträger, Bleistifteintragungen, Euro, geordnete Ablage, lebende Sprache, Radieren, Richtigkeit, täglich, ursprünglicher Inhalt, Vollständigkeit, Währung, zeitgerecht

Aufgaben

Aufgabe 1

Wann dürfen nachfolgende Unterlagen der Buchführung vernichtet werden?

Unterlage	Entstehungsdatum	frühestes Vernichtungsdatum	Aufbewahrungsfrist in Jahren
Bilanz zum 31. 12. 2020	05. 03. 2021		
Bestellung einer Warenlieferung	17. 04. 2021		
Ausgangsrechnung an einen Kunden	22. 09. 2019		
Angebot an einen Kunden	22. 09. 2021		
Kontoauszug der Bank	22. 07. 2020		

Aufgabe 2

Beachten Sie den nachfolgend abgebildeten Beleg und beantworten Sie die anschließenden Fragen.

a Wie lange muss die Fly Bike Werke GmbH diesen Beleg aufbewahren?

b Wann kann dieser Beleg frühestens (Datum angeben!) vernichtet werden, wenn er aus dem Jahr 2021 datiert?

c Wie kann die Fly Bike Werke GmbH diesen Beleg aufbewahren?

d Wie könnte der Beleg am Ende der Aufbewahrungsfrist vernichtet werden?

Posteingang: 22.06.2021

Kohlor GmbH
Ludwigshafen

Kohlor Gmbh, Hafenstr. 125, 67061 Ludwigshafen

Fly Bike Werke GmbH
Rostocker Straße 334
26121 Oldenburg

Kunden-Nr.: 424
Ansprechpartner: Frau Reineke
Telefon: 0621 582 XX4
Lieferschein-Nr.: 4292
Lieferdatum: 24. 06. 2021
Rechnungsdatum: 27. 06. 2021

Rechnungsprüfung
Sachlich richtig — Datum: 29.06.2021 Nz: Ta
Rechnerisch richtig — Datum: 29.06.2021 Nz: Ta

Rechnung Nr.: 4292

Pos.	Artikel-Nr.	Artikelbezeichnung	Menge	Preis je Einheit	Gesamtpreis
1	900100	Klarlack	200 Liter	3,45 €	690,00 €
2	800200	Spezialgrundierung für Edelstähle	200 Liter	2,45 €	490,00 €
3	700100	Standardfarbe „gelb"	20 Liter	4,30 €	86,00 €
4	700821	Sonderfarbe „morror-polish"	120 Liter	6,00 €	720,00 €
5	702400	Sonderfarbe „lemon squash"	120 Liter	6,00 €	720,00 €

Warenwert	Verpackungskosten	Transportkosten	Nettorechnungsbetrag	Umsatzsteuer 19 %	Bruttorechnungsbetrag
2.706,00 €	–	–	2.706,00 €	514,14 €	3.220,14 €

Zahlungsziel 30 Tage, bei Zahlung innerhalb von 8 Tagen 2 % Skonto (= 64,40 €).

Inventurwerte ermitteln

FK ▶ TF 11.3 | Kap. 2.1– 2.2

Situation

Die Praktikantin Mia Klein hat im Rahmen der Inventur die Aufgabe bekommen, den Bestand an Goretex-Shirts „körperlich“ zu überprüfen. Sie hat getrennt nach Artikelnummern gezählt und die Inventurmengen in die Inventurliste eingetragen. Dabei fielen ihr Abweichungen von den Mengen der Lagerbuchführung auf. Einen Wasserschaden hat sie auch auf der Inventurliste vermerkt. Jetzt sitzt sie wieder im Büro und hat eine Liste mit Einstandspreisen der Einkaufsabteilung vor sich. Sie soll einen Gesamtwert für alle Shirts berechnen und kommt damit nicht so richtig klar.

FLY BIKE Werke GmbH

Inventurliste Handelswaren

Aufnahmetag: *03.01.20X1*
Jahr 20XX

Warengruppe 701 Shirts STEFF, Goretex

Artikel Nr.	Artikelbezeichnung	Lagermenge gem. Lagerbuchhaltung Sollwert/ Stück	Inventurmenge Istwert/ Stück	Einstandspreise der Bestände €/ Stück	Einkaufswert der Inventurmenge je Artikel in €	Wertminderungen je Artikel in €	Gesamtinventurwert in €
701L	Shirt STEFF superfast Größe L	122	120				
701M	Shirt STEFF superfast Größe M	146	145				
701S	Shirt STEFF superfast Größe S	59	60				
701XL	Shirt STEFF superfast Größe XL	212	211[1)]				
701XXL	Shirt STEFF superfast Größe XXL	22	22				
					Gesamtinventurwert Warengruppe		

Wertminderungen (ohne Daten der Einkaufsabteilung):
[1)] *Wasserschaden Artikel 701XL, 20 Stück durchnässt und verschmutzt – Ware unverkäuflich!*

Daten der Einkaufsabteilung am 31. 12. 20XX (Inventurstichtag): Einstandspreise pro Stück

Artikel-Nr.	Bezeichnung	Einstandspreise der vorhandenen Shirts in €	Einstandspreise gem. aktuellen Preislisten in €
701L	Shirt STEFF superfast Größe L	16,95	14,95
701M	Shirt STEFF superfast Größe M	14,95	14,95
701S	Shirt STEFF superfast Größe S	14,95	14,95
701XL	Shirt STEFF superfast Größe XL	16,95	14,95
701XXL	Shirt STEFF superfast Größe XXL	17,95	16,95

Arbeitsaufträge

1 Helfen Sie Frau Klein. Ermitteln Sie den Gesamtwert der tatsächlich vorhandenen einwandfreien Goretex-Shirts unter Berücksichtigung der aktuellen Einstandspreise.

2 Begründen Sie Ihre Bewertungsentscheidungen.

Arbeitsblatt 16.1 | Inventur

Inventur ist	

Unterscheidung der Inventur hinsichtlich der Art ihrer Durchführung

	Inventurart	**Inventurtätigkeiten**	**Beispiele**
körperliche Gegenstände →			
→	Buchinventur		

Unterscheidung der Inventur hinsichtlich des Zeitpunkts der Durchführung

Stichtagsinventur	**Inventur**	**Inventur**
Aufnahmezeiten: Voraussetzungen:	Aufnahmezeiten: Voraussetzungen:	Aufnahmezeiten: Voraussetzungen:

Nachteile der Stichtagsinventur:	
Ziele der Inventur am Geschäftsjahresende:	

Aufgaben

Aufgabe 1

In einem Industrieunternehmen wurden folgende Inventurwerte für Fahrradanhänger aufgenommen. Ermitteln Sie den Gesamtinventurwert der Fahrradanhänger.

Inventurliste Fahrradanhängerprogramm					Aufnahmetag: 30. 12. 20XX	
					Jahr: 20XX	Seite: 1
Artikel Nr.	**Bezeichnung**	**Menge**	**Einstandspreis in €**	**Wert in €**	**Wertminderung**	**Gesamtwert in €**
601	Modell Kelly	6	60,00		keine	
602	Modell Mini	1	70,00		keine	
603	Modell Max	20	80,00		5 %[1]	
604	Modell Kids	14	110,00		keine	
605	Modell Sven	2	130,00		50 %[2]	
					Gesamtinventurwert Fahrradanhänger	
Wertminderungen: [1] gesunkener Marktpreis [2] Beschädigungen						
Aufgenommen: *Meier*		Geprüft: *Gilles*				

Aufgabe 2

Bei der Inventur am 31.12. wird im Lager eines Industrieunternehmens ein Bestand von 12 Kartons Kopierpapier zu je 2 500 Blatt aufgenommen. Folgende Lieferungen sind im Geschäftsjahr eingegangen:

Datum	**Anzahl**	**Einstandspreis in €**	**Gesamtwert**
02. 02.	40 Kartons	5,00	
15. 04.	20 Kartons	5,60	
02. 06.	30 Kartons	5,25	
12. 08.	45 Kartons	5,50	
14. 10.	32 Kartons	5,60	
04. 12.	16 Kartons	5,80	
Summen		Ø	
31. 12. 20XX Endbestand	12 Kartons		

Aufgabe 3

Ermitteln Sie den Wert des Inventurbestandes für einen Hilfsstoff nach dem gewogenen Durchschnitts-Verfahren (keine Wertminderungen!).

Bestände Einkäufe	**Menge in Stück**	**Einstandspreis je Stück in €**	**Einstandspreis in € (Bestände/Lieferungen)**
01. 01. 20XX Anfangsbestand	760	16,80	
02. 02. 20XX	340	17,40	
16. 05. 20XX	358	16,90	
01. 08. 20XX	732	16,92	
30. 11. 20XX	670	17,10	
Summen		Ø	
31. 12. 20XX Endbestand	380		

Aufgabe 4

Bearbeiten Sie die nachfolgenden Aufgaben.

a Begründen Sie, warum aufbewahrungspflichtige Unterlagen nach Ablauf der Aufbewahrungsfrist immer erst zu Beginn eines neuen Geschäftsjahres vernichtet werden.

b Beschreiben Sie die Auswirkungen, die eine vorzeitige Vernichtung von aufbewahrungspflichtigen Buchführungsunterlagen für das Unternehmen haben kann.

c Nennen Sie die Gesetze, in denen die Aufbewahrungspflicht festgelegt wird.

d Geben Sie die Aufbewahrungsfristen an.

e Nennen Sie für jede Aufbewahrungsfrist zwei Beispiele.

Aufgabe 5

Das Geschäftsjahr eines Industriebetriebes endet am 30.06.

a In welchem Zeitraum kann die verlegte Inventur durchgeführt werden? (Jeweils das Datum für den Beginn und das Ende des Inventurzeitraumes angeben!)

b Am 07. 07. wird durch körperliche Bestandsaufnahme ein Wert von 16.250,00 € für City-Räder *Surf* festgestellt. Im Zeitraum vom 01. 07. bis zum 06. 07. sind City-Räder *Surf* im Wert von 25.000,00 € (200 Räder) produziert und (alle Wertangaben = Herstellungskosten) für 15.625,00 € (125 Räder) verkauft worden. Ermitteln Sie den Wert dieses Erzeugnisses zum Stichtag (30. 06.) und nennen Sie die Vorteile der verlegten Inventur.

Aufgabe 6

Beantworten Sie schriftlich die nachfolgenden Fragen zur Inventur.

a Nennen Sie die Anlässe, zu denen eine Inventur erfolgen muss.

b Stellen Sie die Bestandsfortschreibung per EDV für ein fertiges Erzeugnis dar.

c Nennen Sie drei Gründe, warum die Bestandsfortschreibung per EDV (Stückzahl) für ein fertiges Erzeugnis von der Inventurmenge der körperlichen Inventur abweichen könnte.

d Geben Sie fünf Vermögenswerte an, die im Rahmen der Buchinventur erfasst und bewertet werden.

e Was versteht man unter Inventurdifferenzen?

f Begründen Sie, warum in der Inventur für Handelswaren der bezahlte Einstandspreis nicht immer der alleinige Bewertungsmaßstab sein kann.

g Nennen Sie den Wert, mit dem selbst erstellte Erzeugnisse in der Inventur erfasst werden müssen.

h Definieren Sie den Begriff Saldenbestätigungen und geben Sie an, wer Saldenbestätigungen ausstellen kann.

i Beschreiben Sie die Güter, die stets in einer Stichtagsinventur erfasst werden müssen.

j Nennen Sie die Voraussetzungen und die Vor- und Nachteile der permanenten Inventur.

Aufgabe 7

Ermitteln Sie den Inventurwert für den Warengruppenbereich „Shorts“ mithilfe der unten abgebildeten Inventurliste.

Inventurliste Handelswaren
Warengruppenbereich: Shorts

Aufnahmetag: 03. 01. 20X1
Jahr 20XX
Seite 1

		Lagermenge gem. Lagerbuchhaltung	Inventurmenge	Einstandspreise der Bestände	Einkaufswert der Inventurmenge je Artikel	Wertminderungen je Artikel	Gesamtinventurwert
Artikel Nr.	Artikelbezeichnung	Sollwert/Stück	Istwert/Stück	€/Stück	in €	in €	in €
801L	Shorts „Kenn“ superfast Größe L	212	200				
801M	Shorts „Kenn“ superfast Größe M	242	244				
801S	Shorts „Kenn“ superfast Größe S	54	54				
801XL	Shorts „Kenn“ superfast Größe XL	212	211				
801XXL	Shorts „Kenn“ superfast Größe XXL	180	176				
Gesamtinventurwert Warengruppe Shorts Modell „Kenn“							

Wertminderungen (ohne Daten der Einkaufsabteilung):
Wasserschaden Artikel 801XL, Menge 25 Stück durchnässt und verschmutzt – Ware unverkäuflich!

Artikel Nr.	**Artikelbezeichnung**	**Einstandspreise der vorhandenen Shorts**	**Einstandspreise laut aktuellen Preislisten**
801L	Shorts „Kenn“ superfast Größe L	18,30 €	18,95 €
801M	Shorts „Kenn“ superfast Größe M	18,60 €	18,95 €
801S	Shorts „Kenn“ superfast Größe S	18,00 €	18,95 €
801XL	Shorts „Kenn“ superfast Größe XL	21,40 €	19,95 €
801XXL	Shorts „Kenn“ superfast Größe XXL	22,00 €	19,95 €

Inventar und Bilanz erstellen und vergleichen

FK ▸ TF 11.3 | Kap. 2.4– 2.5

Situation

In der Möbelfabrik Jonas Rolles e. K. sind die Inventurarbeiten schon abgeschlossen. Das Inventar und die Bilanz für das Geschäftsjahr müssen erstellt werden. Dabei sollen in einem Arbeitsgang die aktuellen Werte denen des Vorjahres gegenübergestellt werden. Herr Rolles wartet gespannt auf die Daten. Welche Werte haben sich geändert? Welche Gründe gab es für wichtige Änderungen? Ist sein Eigenkapital gestiegen?

Inventar	Vorjahr	Berichtsjahr
	€	€
Grundstücke und Bauten Westweg 12, Würzburg Waldstr. 14, Würzburg Verwaltungsgebäude Westweg 12, Würzburg Produktions- und Lagerhallen Waldstr. 14, Würzburg	 140.000,00 92.000,00 285.000,00 112.000,00	 140.000,00 92.000,00 265.000,00 106.000,00
Technische Anlagen und Maschinen lt. Verzeichnis 1	238.000,00	190.000,00
Betriebs- und Geschäftsausstattung lt. Verzeichnis 2	370.000,00	168.000,00
Roh-, Hilfs- und Betriebsstoffe lt. Verzeichnis 3	86.000,00	92.000,00
Unfertige Erzeugnisse lt. Verzeichnis 4	46.000,00	38.000,00
Fertige Erzeugnisse lt. Verzeichnis 5	124.000,00	144.000,00
Forderungen a. L. L. Küchenstudio Gerd Roose, Würzburg Küchen Karl Sommer, Frankfurt	 34.300,00 8.100,00	 25.100,00 21.100,00
Kasse	12.400,00	3.200,00
Bankguthaben Kreissparkasse Würzburg, Würzburg Deutsche Bank, Würzburg	 22.000,00 14.500,00	 32.500,00 2.100,00
Langfristige Bankverbindlichkeiten Hypothek: Deutsche Bank, Würzburg Darlehen: Deutsche Bank, Würzburg	 190.000,00 263.500,00	 185.000,00 252.200,00
Verbindlichkeiten a. L. L. Spanplattenwerk Weser AG, Bremen Holzimport Teibel, Emden	 52.800,00 48.600,00	 29.600,00 42.400,00

Arbeitsaufträge

Beantworten Sie die Fragen von Herrn Rolles. Verwenden Sie hierfür die Arbeitsblätter 17.1 und 17.2.

1 Erstellen Sie für beide Geschäftsjahre ein Inventar.
2 Erstellen Sie für beide Geschäftsjahre die Bilanz.
3 Ermitteln Sie für beide Geschäftsjahre das Eigenkapital.
4 Ermitteln Sie die Veränderungen zwischen den beiden Geschäftsjahren in € für
   a das Anlagevermögen,
   b das Umlaufvermögen,
   c die lang- und kurzfristigen Schulden,
   d das Eigenkapital.
5 Nennen Sie für die Inventarposten Grundstücke und Bauten, technische Anlagen und Maschinen, fertige Erzeugnisse und langfristige Bankverbindlichkeiten mögliche Gründe für die Werteveränderungen.

Arbeitsblatt 17.1 | Inventar der Möbelfabrik Jonas Rolles e. K.

Inventar der				
Vermögens- und Schuldenarten, Eigenkapital	**Vorjahr 20X1 in €**		**Berichtsjahr 20X2 in €**	
	Einzelwerte	**Gesamtwerte**	**Einzelwerte**	**Gesamtwerte**
A. Vermögen				
I. Anlagevermögen				
1.				
II.				
1.				
Summe des Vermögens				
B.				
I.				
II.				
Summe der Schulden				
C.				
Summe des				
– Summe der				
=				

Hinweis: Die Anzahl der tatsächlich benötigten Zeilen ist auch von der individuellen Schriftgröße abhängig.

Arbeitsblatt 17.2 | Bilanz der Möbelfabrik Jonas Rolles e. K.

Aktiva	Bilanzwerte der					Passiva
		Vorjahr	Berichtsjahr		Vorjahr	Berichtsjahr
A.				**A.**		
1.				**B.**		
2.				1.		
3.						
B.				2.		
1.						
2.						
3.						
4.						
5.						
6.						

Werteveränderungen	Vorjahr	Berichtsjahr	Veränderung	Mögliche Gründe
Anlagevermögen				
Umlaufvermögen				
Langfristige Schulden				
Kurzfristige Schulden				
Eigenkapital				

Arbeitsblatt 17.3 | Inventar

Das Inventar ist ein	
Überschrift	

		______ spalte	______ spalte	
		Einzelwerte in €	Gesamtwerte in €	
A	Vermögen			
I.	Anlagevermögen (Beispiele siehe unten)			Vermögenswerte, die
	1.			
		240.000,00		
		420.000,00	660.000,00	
	2.		80.000,00	
	3.		278.000,00	
II.				Vermögenswerte, die
	1.		72.000,00	
	2.		112.000,00	
	3.		46.600,00	
	4.		52.000,00	
	5.		34.000,00	
	6.		7.250,00	
	7.		80.400,00	
	Summe des			
B				
I.				Schulden mit einer Restlaufzeit von über
	1.			
		600.000,00		
		180.000,00	780.000,00	
II.				Schulden mit einer Restlaufzeit bis zu
	1.		64.600,00	
	2.		23.900,00	
	Summe der			
C				
	Summe des			
	– Summe der			
	=			

Das Inventar muss ______ Jahre aufbewahrt werden.

Begriffe (in alphabetischer Reihenfolge):
Bankdarlehen, Bankguthaben, Betriebs- und Geschäftsausstattung (BGA), Fertige Erzeugnisse, Forderungen aus Lieferungen und Leistungen (a. L. L.), Gebäude, Grundstück, Grundstücke und Bauten, Handelswaren, Hypothekendarlehen, Kassenbestand, Kurzfristige Schulden, Langfristige Bankverbindlichkeiten, Langfristige Schulden, Roh-, Hilfs- und Betriebsstoffe, Schulden (Verbindlichkeiten), Sonstige Verbindlichkeiten, Technische Anlagen (TA) und Maschinen, Umlaufvermögen, Unfertige Erzeugnisse, Verbindlichkeiten aus Lieferungen und Leistungen (a. L. L.)

Arbeitsblatt 17.4 | Bilanz

Die Bilanz ist	
Die Bilanzwerte werden durch eine	ermittelt.

Aktiva – zeigt:

= Vermögen
=

Aktiva		Passiva	
A. Anlagevermögen (Beispiele s. u.)		**A.**	
1.	660.000,00	**B.**	
2.		1.	
	80.000,00		780.000,00
3.		2.	64.600,00
	278.000,00	3.	
			23.900,00
B.			
1.	72.000,00		
2.	112.000,00		
3.	46.600,00		
4.	52.000,00		
5.	34.000,00		
6.	7.250,00		
7.	80.400,00		
Summe des		= Summe des	

Passiva – zeigt:

= Kapital
=

Anlagevermögen + Umlaufvermögen	=	Eigenkapital + Schulden	=
Vermögen – Schulden	=	Gesamtkapital – Umlaufvermögen	=

Begriffe (in alphabetischer Reihenfolge): Bankguthaben, Betriebs- und Geschäftsausstattung (BGA), Eigenkapital, Fertige Erzeugnisse, Forderungen a. L. L., Grundstücke und Bauten, Handelswaren, Kassenbestand, Langfristige Bankverbindlichkeiten, Roh-, Hilfs- und Betriebsstoffe, Sonstige Verbindlichkeiten, Technische Anlagen (TA) und Maschinen, Umlaufvermögen, Unfertige Erzeugnisse, Verbindlichkeiten a. L. L., Verbindlichkeiten oder Schulden (Fremdkapital)

Arbeitsblatt 17.5 | Vermögen und Schulden

Tragen Sie in die zweite Spalte ein **V** ein, wenn der angegebene Wert **Vermögen** darstellt. Tragen Sie in die zweite Spalte ein **S** ein, wenn der angegebene Wert **Schulden** darstellt.

Vermögen und Schulden	V = Vermögen S = Schulden	Vorjahr €	Berichtsjahr €
Bankguthaben		22.000,00	32.000,00
Bargeld		2.300,00	2.500,00
Büromöbel		54.000,00	50.000,00
Darlehensschulden (Restlaufzeit 6 Monate)		50.000,00	70.000,00
Roh-, Hilfs- und Betriebsstoffe		20.000,00	30.000,00
Geschäftsgrundstück		120.000,00	120.000,00
Hypothekenschulden (Restlaufzeit 15 Jahre)		80.000,00	79.000,00
Fremdbauteile		24.000,00	22.000,00
Lagerhalle		120.000,00	118.000,00
Lastkraftwagen		60.000,00	40.000,00
Produktionsmaschinen		20.000,00	110.000,00
Maschinen der Energieerzeugung		14.000,00	32.000,00
Personal Computer		6.000,00	9.000,00
Personenkraftwagen		40.000,00	30.000,00
Fertige und unfertige Erzeugnisse		6.000,00	8.000,00
Schulden bei Materiallieferern (Verbindlichkeiten)		14.000,00	16.000,00
Verpackungsmaschinen		25.000,00	20.000,00
Verwaltungsgebäude		200.000,00	195.000,00
Forderungen gegenüber Kunden		20.000,00	20.000,00

Ordnen Sie die oben angegebenen Werte den nachfolgenden Vermögens- und Schuldenposten zu.

Vermögen	Vorjahr	Berichtsjahr
1 Grundstücke		
2 Gebäude		
3 Technische Anlagen und Maschinen		
4 Fuhrpark		
5 Betriebs- und Geschäftsausstattung (ohne Fuhrpark)		
6 Vorräte		
7 Forderungen aus Lieferungen und Leistungen		
8 Kasse		
9 Bankguthaben		
Summe des Vermögens		
Schulden	**Vorjahr**	**Berichtsjahr**
1 Langfristige Bankverbindlichkeiten		
2 Kurzfristige Bankverbindlichkeiten		
3 Verbindlichkeiten aus Lieferungen und Leistungen		
Summe der Schulden		

Aufgaben

Aufgabe 1

Ein Maschinenbauunternehmen ermittelt folgende Werte für seine Inventarposten (ungeordnete Reihenfolge).

a Ordnen Sie die Inventarposten den Spalten 1 bis 4 der nachfolgenden Übersicht zu.

b Ermitteln Sie für jede Spalte (1–4) den Gesamtwert.

c Ermitteln Sie das Gesamtvermögen, die Gesamtschulden und das Eigenkapital in €.

Inventarposten in €		A. Vermögen		B. Schulden	
		I. Anlagevermögen	II. Umlaufvermögen	I. Langfristige Schulden	II. Kurzfristige Schulden
		1	2	3	4
Bankguthaben	14.600,00		14.600,00		
Kassenbestand	2.000,00				
Darlehensschulden (Restlaufzeit 8 Jahre)	180.000,00				
Forderungen aus Lieferungen und Leistungen	40.000,00				
Fuhrpark	40.000,00				
Gebäude	360.000,00				
Betriebs- und Geschäftsausstattung	110.000,00				
Grundstücke	200.000,00				
Hypothekendarlehen (Restlaufzeit 16 Jahre)	280.000,00				
Maschinen	96.500,00				
Verbindlichkeiten aus Lieferungen und Leistungen	32.000,00				
Rohstoffe	62.000,00				
Wertpapiere als kurzfristige Geldanlage	24.500,00				
Summe					

Aufgabe 2

Ordnen Sie die folgenden Vermögensgegenstände bzw. Schulden den in der Aufgabe 1 genannten Inventarposten zu.

a Lastkraftwagen
b Stahlrohre
c Bargeld
d Schreibtische
e Lagerhalle
f Verpackungsmaschine
g Unbezahlte Liefererrechnung
h Unbezahlte Rechnung an einen Kunden
i Aktien der Müller AG
j Gutschrift auf dem Bankkonto

Aufgabe 3

Stellen Sie fest, ob nachfolgende Aussagen für die Inventur und/oder das Inventar und/oder die Bilanz eines Unternehmens zutreffend sind.

	Inventur		Inventar		Bilanz	
	zutreffend	nicht zutreffend	zutreffend	nicht zutreffend	zutreffend	nicht zutreffend
a Aufnahme aller Vermögenswerte und Schulden, z. B. durch Messen, Zählen, Wiegen, Schätzen mit anschließender Bewertung						
b Muss zehn Jahre aufbewahrt werden.						
c Das Eigenkapital des Unternehmens wird ausgewiesen.						
d Darstellung in Kontoform						
e Gliederung der Vermögenswerte in Anlage- und Umlaufvermögen						
f Jeder Vermögenswert wird nach Art, Menge und Wert beschrieben.						
g Die Staffelform wird zur Wertedarstellung genutzt.						
h Auch ohne Unterschrift(en) des/der Inhaber(s) gültig						
i Die Werte sind für einen bestimmten Tag (Datum) anzugeben.						
j Ist bei einer GmbH von allen Geschäftsführern zu unterschreiben.						

Aufgabe 4

Tragen Sie die gesuchten Begriffe ein.

a Die Seiten der Bilanz heißen ______________________ und ______________________.

b Die Vermögenswerte stehen auf der ______________________ der Bilanz.

c Die Passiva-Seite beginnt mit der Position ______________________.

d Die Mittelherkunft zeigt die ______________________ der Bilanz.

e Die Aktiva-Seite der Bilanz zeigt die ______________________.

f Summe des Vermögens – Summe der Schulden = ______________________.

g Anlagevermögen + Umlaufvermögen – Eigenkapital = ______________________.

h Eigenkapital + Fremdkapital – Anlagevermögen = ______________________.

i Die Mittelverwendung zeigt die ______________________ der Bilanz.

j Die Summe der Aktiva entspricht der ______________________.

k Andere Begriffe für Schulden: ______________________ oder ______________________.

Aufgabe 5

Die Maschinenfabrik Wolfgang Huber e. K., Köln, hat für zwei aufeinanderfolgende Geschäftsjahre folgende Inventurwerte ermittelt.

Inventar	20X1	20X2
	€	€
Grundstücke und Bauten		
• unbebautes Grundstück, Porzer Str. 211	200.000,00	0,00
• bebautes Grundstück, Porzer Str. 218	325.000,00	325.000,00
• Fabrik- und Verwaltungsgebäude, Porzer Str. 218	650.000,00	610.000,00
• Lagerhalle, Porzer Str. 218	350.000,00	330.000,00
Technische Anlagen und Maschinen lt. Anlagenverzeichnis, Anlage Nr. 1	614.000,00	780.000,00
Betriebs- und Geschäftsausstattung lt. Ausstattungsverzeichnissen (AV) gemäß Anlagen:		
• Werkzeuge, AV Nr. 1, Anlage Nr. 2	60.000,00	40.000,00
• Lager- und Transporteinrichtungen, AV Nr. 2, Anlage Nr. 3	120.000,00	80.000,00
• Fuhrpark, AV Nr. 3, Anlage Nr. 4	45.000,00	180.000,00
• Betriebsausstattung, AV Nr. 4, Anlage Nr. 5	82.000,00	143.000,00
• Geschäftsausstattung, AV Nr. 5, Anlage Nr. 6	240.000,00	230.000,00
Roh-, Hilfs- und Betriebsstoffe, VV (Vorratsverzeichnis) Nr. 1, Anlage Nr. 7	220.000,00	235.000,00
unfertige Erzeugnisse, VV Nr. 2, Anlage Nr. 8	26.000,00	32.000,00
fertige Erzeugnisse, VV Nr. 3, Anlage Nr. 9	64.000,00	134.000,00
Handelswaren, VV Nr. 4, Anlage Nr. 10	12.600,00	8.500,00
Forderungen aus Lieferungen und Leistungen lt. Forderungsverzeichnis, Anlage Nr. 11	265.000,00	396.000,00
Kassenbestand (Bargeld)	22.000,00	18.400,00
Bankguthaben		
• Bankguthaben bei der Deutschen Bank AG, Köln	84.000,00	32.000,00
• Bankguthaben bei der Stadtsparkasse Köln/Bonn	24.800,00	42.300,00
• Postbankguthaben bei der Postbank AG, Köln	12.600,00	18.800,00
langfristige Bankverbindlichkeiten		
• Hypothek der Deutschen Bank AG, Köln	400.000,00	380.000,00
• Darlehen der Stadtsparkasse Köln/Bonn	200.000,00	100.000,00
Verbindlichkeiten aus Lieferungen und Leistungen lt. Verbindlichkeitenverzeichnis, Anlage Nr. 12	356.000,00	372.000,00
sonstige Verbindlichkeiten gegenüber Finanzbehörden	36.000,00	42.000,00

a Erstellen Sie für jedes Geschäftsjahr ein Inventar und eine Bilanz.

b Ermitteln Sie die Veränderungen zwischen den beiden Geschäftsjahren in € für das Anlagevermögen, das Umlaufvermögen, die lang- und kurzfristigen Schulden sowie für das Eigenkapital.

c Nennen Sie für die Inventarposten Grundstücke und Bauten, Technische Anlagen und Maschinen, Forderungen aus Lieferungen und Leistungen und langfristige Bankverbindlichkeiten mögliche Gründe für die jeweilige Werteveränderung.

Lernsituation 18

Die ersten Geschäftsvorfälle der Fly Bike Werke GmbH buchen

FK ▶ TF 11.3 | Kap. 3.1– 3.2

Situation

Werteveränderungen von Bilanzposten: Hier sollen Sie erste Geschäftsvorfälle der Fly Bike Werke GmbH kennenlernen und feststellen, welche Auswirkungen sie auf einzelne Bilanzposten haben.

Aktiva	Bilanzposten (vor Werteveränderung)		Passiva
Betriebs- und Geschäftsausstattung (BGA)	70.000,00	Eigenkapital	108.000,00
Rohstoffe	40.000,00	Langfristige Bankverbindlichkeiten	17.000,00
Forderungen a. L. L.	5.000,00	Verbindlichkeiten a. L. L.	15.000,00
Bankguthaben	25.000,00		
	140.000,00		140.000,00

Arbeitsaufträge

Geschäftsvorfall 1 der Fly Bike Werke GmbH
Die Fly Bike Werke GmbH kauft für 5.000,00 € Rohstoffe ein und bezahlt die Lieferung per Banklastschrift.

1 Wie verändert sich die Bilanz durch diesen Geschäftsvorfall? Tragen Sie Ihr Ergebnis in die nachfolgende Bilanz ein.

Aktiva	Bilanzposten (nach 1. Geschäftsvorfall)		Passiva
BGA		Eigenkapital	
Rohstoffe		Langfr. Bankverbindlichkeiten	
Forderungen a. L. L.		Verbindlichkeiten a. L. L.	
Bankguthaben			

2 Überlegen Sie nun, wie Sie einem Freund, der keine Ahnung von Buchführung hat, erklären könnten, wie Sie auf diese Lösung gekommen sind. Versuchen Sie, Ihren Lösungsweg Schritt für Schritt zu formulieren.

Lösungsweg

Zuerst muss ich mir anschauen, welche ______________________ der Bilanz durch den Geschäftsvorfall betroffen sind.

Dann überlege ich mir, welche ______________________ der Bilanz durch den Geschäftsvorfall berührt werden.

Wenn ich das geklärt habe, schaue ich mir den Geschäftsvorfall nochmals an und überlege, wie sich der Wert der einzelnen Posten der Bilanz ändert. Er wird entweder ______________________

oder ______________________.

Begriffe: größer, Seiten, kleiner, Posten

3 Das, was Sie gerade richtig erklärt haben, kann Ihnen helfen, alle Auswirkungen von Geschäftsvorfällen der Fly Bike Werke GmbH auf ihre Bilanzposten darzustellen. Um die ganze Sache einfacher zu machen, formulieren Sie nun drei Leitfragen, deren Antworten Ihnen bei allen Aufgaben zu diesem Thema helfen werden.

Leitfragen
1.
2.
3.

Geschäftsvorfall 2 der Fly Bike Werke GmbH

Die Fly Bike Werke GmbH wandelt eine kurzfristige Verbindlichkeit in Höhe von 10.000,00 € in eine Darlehensschuld um.

4 Beantworten Sie zunächst die aufgestellten Leitfragen und tragen Sie erst dann die Veränderungen der einzelnen Posten in die Bilanz ein, die Sie nach dem ersten Geschäftsvorfall aufgestellt haben.

Antwort **1. Leitfrage:**
Antwort **2. Leitfrage:**
Antwort **3. Leitfrage:**

Aktiva	Bilanzposten (nach 2. Geschäftsvorfall)		Passiva
BGA		Eigenkapital	
Rohstoffe		Langfr. Bankverbindlichkeiten	
Forderungen a. L. L.		Verbindlichkeiten a. L. L.	
Bankguthaben			

Geschäftsvorfälle 3–5 der Fly Bike Werke GmbH

- Kauf eines Schreibtisches gegen Banklastschrift für 2.000,00 €.
- Ein Kunde bezahlt eine offene Rechnung durch eine Banküberweisung in Höhe von 1.500,00 €.
- Die Fly Bike Werke GmbH bezahlt eine Verbindlichkeit in Höhe von 4.000,00 € per Banküberweisung.

5 Beantworten Sie für sich erneut die obigen Leitfragen und erstellen Sie die Bilanz nach allen fünf Geschäftsvorfällen.

Aktiva	Bilanzposten (nach 5. Geschäftsvorfall)		Passiva
BGA		Eigenkapital	
Rohstoffe		Langfr. Bankverbindlichkeiten	
Forderungen a. L. L.		Verbindlichkeiten a. L. L.	
Bankguthaben			

Arbeitsblatt 18.1 | Die vier Werteveränderungen

Jeder Geschäftsvorfall verändert mindestens zwei Bilanzposten.

Geschäftsvorfall
Kauf von Bürostühlen gegen Barzahlung, 900,00 €

Aktiva	Bilanz	Passiva
BGA ______		
Kasse ______		

= ______________________

Geschäftsvorfall
Umwandlung einer kurzfristigen Verbindlichkeit in ein langfristiges Darlehen, 50.000,00 €

Aktiva	Bilanz	Passiva
		Langfr. Bankvbk. ______
		Verbindl. a. L. L. ______

= ______________________

Bilanzsumme bleibt ______________

______________________tausch

______________________tausch

Geschäftsvorfall
Ausgleich einer Lieferantenrechnung durch Banküberweisung, 9.500,00 €

Aktiva	Bilanz	Passiva
Bankguthaben ______		Verbindl. a. L. L. ______

= ______________________

Geschäftsvorfall
Kauf eines Lieferwagens auf Ziel, 48.000,00 €

Aktiva	Bilanz	Passiva
Fuhrpark ______		Verbindl. a. L. L. ______

= ______________________

Bilanzsumme ______________ oder ______________

Vermögens- und Kapital ______________

Vermögens- und Kapital ______________

Arbeitsblatt 18.2 | Werteveränderungen – ein Beispiel

								Bilanzwaage				
	Aktiva							Summe	Summe	Passiva		
Geschäfts-vorfälle in €	Grundstücke u. Gebäude	Maschinen	BGA	Rohstoffe	Forderungen	Kasse	Bank-guthaben	Aktiva	Passiva	Eigenkapital	Langfr. Bank-verbindlichk.	Verbind-lichkeiten
Bilanz 1	650.000,00	20.000,00	120.000,00	380.000,00	160.000,00	24.000,00	82.000,00	1.436.000,00	1.436.000,00	382.000,00	800.000,00	254.000,00
1				+ 20.000,00		– 20.000,00						
2												
3												
4												
5												
6												
7												
8												
Bilanz 2												

Geschäftsvorfälle	€	Art der Werteveränderung
1 Rohstoffeinkauf gegen Barzahlung	20.000,00	Aktivtausch
2 Kauf einer Maschine gegen Banküberweisung	14.000,00	
3 Rohstoffeinkauf auf Ziel	40.000,00	
4 Barkauf eines Schreibtisches	2.000,00	
5 Banküberweisungen von Kunden	60.000,00	
6 Banküberweisungen an Lieferer	30.000,00	
7 Darlehensaufnahme gegen Bankgutschrift	50.000,00	
8 Kauf eines Grundstücks gegen Banklastschrift	50.000,00	

Arbeitsaufträge

1. Tragen Sie die Werteveränderung der Bilanzposten aufgrund der nebenstehenden Geschäftsvorfälle in die jeweilige Spalte mit Vorzeichen (+ oder –) ein.
2. Geben Sie für jeden Geschäftsvorfall die Art der Werteveränderung in der Bilanz an.
3. Berechnen Sie für jeden Bilanzposten die Summe der Spalte (Bilanz 2).
4. Erstellen Sie aus den Summen der Bilanzposten eine Bilanz in Kontoform.

Arbeitsblatt 18.3 | Buchen auf Bestandskonten

Buchungsregeln für Bestandskonten:

Anfangsbestand:	wird aus der Eröffnungsbilanz übernommen
Mehrungen:	erhöhen den Wert des Bestandskontos
Minderungen:	verringern den Wert des Bestandskontos
Schlussbestand:	wird in die Schlussbilanz übernommen, wenn er den Inventurwerten entspricht

Soll	Aktivkonto	Haben
Anfangsbestand		

Soll	Passivkonto	Haben
Schlussbestand		

Geschäftsvorfall: Rohstoffeinkauf auf Ziel, 5.000,00 €
Um einen Geschäftsvorfall richtig zu buchen, helfen folgende vier Vorüberlegungen:

1
2
3
4

Grundbuch: an

Nr.	Soll	€	Haben	€
1				

Hauptbuch:

Soll		Haben
AB	42.000,00	

Soll		Haben
	AB	14.200,00

Arbeitsblatt 18.4 | Buchen im Grund- und Hauptbuch

Geschäftsvorfall	Welche Konten werden berührt?	Aktiv- (A) oder Passivkonto (P)?	Mehrung (Me) oder Minderung (Mi)?	Auf welcher Kontoseite (Soll oder Haben) ist zu buchen?
1 Barkauf eines neuen Schreibtisches, 900,00 €				
2 Umwandlung einer kurzfristigen Verbindlichkeit in ein langfristiges Darlehen, 2.000,00 €				
3 Kauf von Rohstoffen auf Ziel, 3.000,00 €				
4 Rückzahlung eines Darlehens durch Barzahlung, 1.000,00 €				

Soll	Haben

Soll	Haben

Soll	Kasse	Haben

Aktiva	Bilanz		Passiva
BGA	12.000,00	Eigenkapital	9.000,00
Rohstoffe	8.000,00	Darlehenssch.	10.000,00
Kasse	4.000,00	Verbindl. a. L. L.	5.000,00
	24.000,00		24.000,00

Aktiva	Bilanz		Passiva
BGA		Eigenkapital	
Rohstoffe		Darlehenssch.	
Kasse		Verbindl. a. L. L.	

Soll	Eigenkapital	Haben

Soll	Haben

Soll	Haben

Arbeitsblatt 18.5 | Geschäftsgang mit Grund- und Hauptbuch

a Erstellen Sie eine Eröffnungsbilanz gemäß den nachfolgenden Angaben.
b Übertragen Sie die Anfangsbestände auf die Konten.
c Geben Sie für jeden Geschäftsvorfall die Konten, die Werteveränderung und die Buchung in der nachstehenden Tabelle und im Grundbuch an.
d Übertragen Sie die Buchungen auf Konten und schließen Sie alle Konten ab.
e Erstellen Sie die Schlussbilanz.

Verwenden Sie auch das Arbeitsblatt 18.6 auf der folgenden Seite.

Vermögenswerte	€	Kapitalwerte	€
Grundstücke und Gebäude	400.000,00	Eigenkapital	?
Maschinen	120.000,00	langfristige Bankverbindlichkeiten	150.000,00
Geschäftsausstattung	80.000,00		
Rohstoffe	60.000,00	Verbindlichkeiten a. L. L.	40.000,00
Forderungen a. L. L.	45.000,00		
Bankguthaben	32.000,00		

Geschäftsvorfälle	Konten Aktiva (A) Passiva (P)	Werteveränderung Mehrung (Me) Minderung (Mi)	Buchung S (Soll) H (Haben)
1 Rohstoffeinkauf auf Ziel, 22.000,00 €			
2 Verkauf einer gebrauchten Maschine auf Ziel, 5.000,00 €			
3 Banküberweisung an einen Lieferanten, 12.000,00 €			
4 Ein Kunde überweist auf unser Bankkonto 30.000,00 €			
5 Kauf eines Computers gegen Banküberweisung für 5.000,00 €			
6 Verkauf einer gebrauchten Büroeinrichtung auf Ziel, 36.000,00 €			
7 Tilgung einer langfr. Bankverbindlichkeit gegen Banküberweisung, 20.000,00 €			

Grundbuch:

Nr.	Soll	€	Haben	€
1				
2				
3				
4				
5				
6				
7				

Das Hauptbuch finden Sie auf der Folgeseite.

Arbeitsblatt 18.6 | Hauptbuch

Aktiva	Eröffnungsbilanz	Passiva

Soll	Grundstücke, Gebäude (GG)	Haben

Soll	Maschinen (Ma)	Haben

Soll	BGA	Haben

Soll	Rohstoffe (Ro)	Haben

Soll	Forderungen a. L. L. (Fo)	Haben

Soll	Bankguthaben (Ba)	Haben

Soll	Eigenkapital (EK)	Haben

Soll	Langfr. Bankverb. (LB)	Haben

Soll	Verbindlichk. a. L. L. (Ve)	Haben

Aktiva	Schlussbilanz	Passiva

Aufgaben

Aufgabe 1

Aktiva	Bilanz (vor Werteveränderungen)		Passiva
Grundstücke und Bauten	600.000,00	Eigenkapital	
TA und Maschinen	50.000,00	langfr. Bankvbk. (Darlehen)	500.000,00
Betriebs- und Geschäftsausstattung	150.000,00	Verbindlichkeiten a. L. L.	216.000,00
Rohstoffe	420.000,00		
Forderungen a. L. L.	120.000,00		
Kasse	12.000,00		
Bankguthaben	64.000,00		

Geschäftsvorfälle:		€
1	Verkauf eines ungenutzten Grundstücks gegen Banküberweisung	40.000,00
2	Umwandlung einer kurzfristigen Verbindlichkeit in ein langfristiges Darlehen	66.000,00
3	Banküberweisungen an verschiedene Lieferer	16.000,00
4	Kauf einer Verpackungsmaschine auf Ziel	25.000,00
5	Darlehensaufnahme per Bankgutschrift	100.000,00
6	Kauf einer Lagerhalle auf Ziel	100.000,00
7	Banküberweisung an den Verkäufer der Lagerhalle	100.000,00
8	Verkauf einer gebrauchten Maschine auf Ziel	10.000,00

a Berechnen Sie für die Bilanz die Bilanzsumme und das Eigenkapital.

b Stellen Sie fest, welche Auswirkungen die Geschäftsvorfälle auf die oben genannten Bilanzposten haben. Nutzen Sie dazu die folgende Tabelle.

Nr.	Bilanzposten	Aktiva (A) oder Passiva (P)	Mehrung (Me) oder Minderung (Mi)	Buchung Soll/Haben	Werteveränderung in der Bilanz
1	Bankguthaben	A	Me	Soll	Aktivtausch
	Grundstücke und Bauten	A	Mi	Haben	
2					
3					
4					
5					
6					
7					
8					

c Erstellen Sie einen vollständigen Geschäftsgang mit Eröffnungs- und Schlussbilanz.

Aufgabe 2

Geben Sie die Art der Werteveränderung von Bilanzposten der Fly Bike Werke GmbH für nachfolgende Geschäftsvorfälle an.

Geschäftsvorfälle:	€
1 Einkauf von Handelswaren auf Ziel	20.000,00
2 Zielkauf einer Schweißmaschine	40.000,00
3 Verkauf eines gebrauchten Dienstwagens auf Ziel	14.000,00
4 Kauf einer PC-Einheit auf Ziel	6.000,00
5 Teilweise Tilgung eines Darlehens per Banküberweisung	10.000,00
6 Barabhebung vom Bankkonto für die Portokasse	200,00
7 Banküberweisung an einen Lieferer	20.000,00
8 Kundenüberweisung auf das Bankkonto	6.000,00
9 Kauf eines Lkw auf Ziel	60.000,00
10 Verkauf eines ungenutzten Grundstückes gegen Banküberweisung	12.500,00

Aufgabe 3

Folgende Eröffnungsbilanz ist vorgegeben.

Aktiva	Eröffnungsbilanz		Passiva
Maschinen	30.000,00	Eigenkapital	140.000,00
Rohstoffe	150.000,00	Langfr. Bankverbindl.	40.000,00
Bankguthaben	22.000,00	Verbindlichkeiten	22.000,00
	202.000,00		202.000,00

Beachten Sie die Reihenfolge der Arbeitsschritte in der Fachkunde (Erfassung eines Geschäftsganges von der Eröffnungs- bis zur Schlussbilanz in sieben Arbeitsschritten, Kapitel 3.4).

Geschäftsvorfälle:	Aufgabe a €	Aufgabe b €
1 Einkauf von Rohstoffen auf Ziel	4.500,00	3.200,00
2 Verkauf einer gebrauchten Maschine gegen Banküberweisung	900,00	1.200,00
3 Teilrückzahlung eines Bankdarlehens per Banküberweisung	5.000,00	6.000,00
4 Banküberweisung an einen Lieferer zum Ausgleich einer Verbindlichkeit	3.200,00	1.900,00

Aufgabe 4

Folgende Anfangsbestände liegen vor; beginnen Sie mit der Erstellung der Eröffnungsbilanz.

Aktive Bestandskonten	€	Passive Bestandskonten	€
Grundstücke u. Bauten	380.000,00	Eigenkapital	359.700,00
Maschinen	145.000,00	Langfristige Bankverbindlichkeiten	310.000,00
Rohstoffe	162.500,00		
Forderungen a. L. L.	23.800,00	Verbindlichkeiten a. L. L.	56.800,00
Kasse	2.500,00		
Bankguthaben	12.700,00		

Geschäftsvorfälle:	Aufgabe a €	Aufgabe b €
1 Verkauf einer gebrauchten Maschine auf Ziel	34.500,00	22.700,00
2 Banküberweisung eines Kunden zum Forderungsausgleich	3.800,00	7.200,00
3 Verkauf eines Grundstückes gegen Banküberweisung	30.000,00	12.500,00
4 Einkauf von Rohstoffen auf Ziel	11.500,00	9.700,00
5 Banküberweisung an einen Lieferer zum Ausgleich einer Verbindlichkeit	5.700,00	3.800,00
6 Einkauf einer Maschine auf Ziel	24.500,00	16.300,00
7 Teilrückzahlung eines Darlehens per Banküberweisung	6.000,00	8.000,00

Aufgabe 5

Erstellen Sie einen Geschäftsgang von der Eröffnungs- bis zur Schlussbilanz.

Aktive Bestandskonten	€	Passive Bestandskonten	€
Grundstücke u. Bauten	200.000,00	Eigenkapital	?
Maschinen	100.000,00	Langfristige Bankverbindlichkeiten	210.000,00
Fuhrpark	80.000,00		
Geschäftsausstattung	45.000,00	Verbindlichkeiten a. L. L.	69.500,00
Rohstoffe	90.000,00		
Forderungen a. L. L.	65.000,00		
Bankguthaben	25.000,00		
Kasse	5.500,00		

Geschäftsvorfälle:		€
1	Aufnahme eines Darlehens gegen Bankgutschrift	250.000,00
2	Kauf eines Grundstücks gegen Banküberweisung	200.000,00
3	Kauf einer Lagerhalle gegen Banküberweisung	50.000,00
4	Kauf eines neuen Lkw auf Ziel	120.000,00
5	Einkauf von Rohstoffen auf Ziel	45.000,00
6	Verkauf eines gebrauchten Lkw gegen Banküberweisung	20.000,00
7	Verkauf gebrauchter PC-Einheiten auf Ziel	10.000,00
8	Kundenüberweisung auf das Bankkonto	65.000,00
9	Banküberweisung an Lieferer	45.000,00
10	Barkauf eines Büroschreibtisches	2.500,00

Aufgabe 6

Bilden Sie die einfachen Buchungssätze für nachfolgende Geschäftsvorfälle.

Geschäftsvorfälle:		€
1	Zielkauf eines Kopiergerätes	6.000,00
2	Ausgleich einer Verbindlichkeit durch Banküberweisung	12.000,00
3	Darlehenstilgung per Banküberweisung	30.000,00
4	Verkauf einer gebrauchten Maschine auf Ziel	4.000,00
5	Bankgutschriften für Überweisungen von Kunden	8.800,00
6	Handelswareneinkauf auf Ziel	6.200,00
7	Kauf einer Sitzgruppe für das Geschäftsführerzimmer auf Ziel	14.200,00
8	Darlehensaufnahme gegen Bankgutschrift	80.000,00
9	Umwandlung einer kurzfristigen Bankverbindlichkeit in ein langfristiges Darlehen	20.000,00
10	Überweisung vom Bankkonto auf das Postbankkonto	10.000,00
11	Barkauf einer Telefonanlage	1.200,00
12	Barabhebung vom Bankkonto	500,00

Aufgabe 7

Geben Sie für die Geschäftsvorfälle der Aufgabe 6 jeweils die Art der Werteveränderung von Bilanzposten an.

Aufgabe 8

Bilden Sie die zusammengesetzten Buchungssätze:

Geschäftsvorfälle:		€
1	Kauf eines Pkw, Kaufpreis 30.000,00 € Barzahlung bei Übernahme Restbetrag zahlbar innerhalb von 30 Tagen	 2.500,00 27.500,00
2	Darlehenstilgung 20.000,00 € durch Banküberweisung und durch Postbanküberweisung	 14.000,00 6.000,00
3	Rechnungsausgleich durch Kundenzahlungen 11.600,00 € Barzahlung Bankgutschrift	 1.600,00 10.000,00

Nach Belegen buchen

FK ▶ TF 11.3 | Kap. 3.6

Situation

Eines Morgens findet Jenny Liu, Auszubildende bei der Fly Bike Werke GmbH, verschiedene Belege auf ihrem Schreibtisch, die sie buchen soll. „Belege buchen?“, fragt sie Frau Taubert. „Na klar, Belege sind die Grundlage jeder Buchung, den Geschäftsvorfall müssen Sie daraus ableiten!“, antwortet Frau Taubert.

Beleg Nr. 1

Oldenburg-Bank

IBAN DE86 2805 0100 0112 3264 44		**Kontoauszug** Oldenburg-Bank	Auszug 30	Blatt 1
Buchungstag	Wert	Vorgang/Erläuterungen	Beträge in €	
		Kontostand am 02.07.20XX	12.200,00 +	
03.07.20XX	03.07.20XX	S-Geldautomat	200,00 –	
03.07.20XX	03.07.20XX	Tilgungsrate für Darlehen Nr. 863377	1.000,00 –	
03.07.20XX	03.07.20XX	Hans Köller e.K., Rostock Re.-Nr. 124 vom 30.06.20XX	4.640,00 –	
		Kontostand am 03.07.20XX	6.360,00 +	

Fly Bike Werke GmbH, Oldenburg

Beleg Nr. 2

Alu-Werke Bonn AG

Alu-Werke Bonn AG · Sankt-Augustiner-Straße 30 · 53225 Bonn

Sankt-Augustiner-Straße 30
53225 Bonn
Tel.: 0228-464 XX0
Fax: 0228-464 XX11
E-Mail:
awb-mail@aluminiumwerke.dex

Fly Bike Werke GmbH
Rostocker Straße 334
26121 Oldenburg

Rechnung-Nr.: 511 Rechnungs-Datum: 19.08.20XX

Artikel Nr.	Artikelbezeichnung für Aluminiumrohre	Menge in Metern	Einzelpreis in €	Gesamtpreis in €
40045225	Rundrohr 45 x 2,25	500	10,11	5.055,00
40025200	Rundrohr 25 x 2,00	500	4,49	2.245,00
		Rechnungsbetrag[1]:		7.300,00

Bankverbindung: CVB, IBAN DE87 5400 7638 0077 9982 46
Lieferung frei Lager Oldenburg, Zahlung innerhalb von 30 Tagen ohne Abzug.

Beleg Nr. 3

Werner Lippert · Buchenstr. 3 · 40221 Düsseldorf

Posteingang: 03.07.20XX

Fly Bike Werke GmbH
Rostocker Str. 334
26121 Oldenburg

RECHNUNGSPRÜFUNG
Sachlich richtig Datum 04.07.20XX Nz Seidlitz
Rechnerisch richtig Datum 04.07.20XX Nz Seidlitz

RECHNUNG-NR.: 12
Rechnungs-Datum: 01.07.20XX
Bankverbindung: Rhein-Bank Essen
IBAN DE14 7889 6740 3709 7899 10

Artikel-Nr.:	Menge	Artikelbezeichnung	Einzel-preis/€	Gesamt-preis/€
1256	10	PC-Office-Tische, grau	750,00	7.500,00
1259	10	Erweiterungen für PC-Office-tische für Drucker, grau	60,00	600,00
		Rechnungsbetrag[1]		8.100,00

Zahlungsbedingungen: Zahlung sofort ohne Abzug. Die Lieferung und Aufstellung erfolgt durch die Spedition Herget gegen gesonderte Rechnung.

[1] Der Rechnungsbetrag ist umsatzsteuerpflichtig – siehe Fachkunde, TF 2.8, Kap. 1 und Lernsituation 74.

Arbeitsaufträge

1 Schauen Sie sich die Belege genau an. Welche Art von Belegen erkennen Sie? Welche Geschäftsvorfälle der Fly Bike Werke GmbH können Sie daraus ableiten? (Kontoauszug = 3 Geschäftsvorfälle)

2 Tragen Sie die notwendigen Buchungen in das Grundbuch ein.

Nr.	Soll	€	Haben	€
1	Kasse	200,00	Bankguthaben	200,00
2				
3				
4				
5				

Arbeitsblatt 19.1 | Buchen nach Belegen

Vervollständigen Sie die unten stehende Übersicht mit den folgenden Belegarten, Geschäftsvorfällen und Konten der Fly Bike Werke GmbH. (Mehrfachverwendungen bei Belegarten und Konten sind zulässig.) Beachten Sie auch die Unternehmensbeschreibung auf Seite 6 ff.

Rohstoffe, TA und Maschinen, Verkauf von gebrauchten Büromöbeln gegen Barzahlung, Kasse, Langfristige Bankverbindlichkeiten, Kontoauszug, Bankguthaben, Fremdbauteile, Barabhebung vom Bankkonto, Handelswaren, Kassenbeleg, Betriebsstoffe, Verkauf einer gebrauchten PC-Einheit auf Ziel, Ausgangsrechnung, Forderungen a. L. L., ein Kunde der Fly Bike Werke GmbH überweist auf das Bankkonto, Eingangsrechnung, Hilfsstoffe, Verbindlichkeiten a. L. L., Verkauf von gebrauchten Maschinen auf Ziel

Nr.	Belegart	Geschäftsvorfall	Konto der Sollbuchung	Konto der Habenbuchung
1		Einkauf von Lacken auf Ziel		
2	Ausgangsrechnung			TA und Maschinen
3		Barkauf von Schmierfetten für die Stanzmaschine		Kasse
4			Forderungen a. L. L.	Betriebs- und Geschäftsausstattung
5	Kontoauszug		Bankguthaben	
6		Kauf von Stahlrohren auf Ziel		Verbindlichkeiten a. L. L.
7		Kauf einer Rohrtrennanlage auf Ziel		
8	Kassenbeleg			Betriebs- und Geschäftsausstattung
9		Tilgung einer Darlehensschuld durch Banküberweisung		
10		Überweisung an den Rohstofflieferer Mannes AG		Bankguthaben
11	Eingangsrechnung	Kauf von Brems- und Schaltungskomponenten auf Ziel		Verbindlichkeiten a. L. L.
12	Kontoauszug		Kasse	Bankguthaben
13		Kauf von Fahrradbekleidung auf Ziel		

Aufgaben

Aufgabe 1

Bringen Sie die nachfolgenden Tätigkeiten der Belegbearbeitung in eine sinnvolle Reihenfolge (1–9).

- ☐ Buchung in chronologischer (zeitlicher) Reihenfolge (Grundbuch)
- ☐ Belege sortieren
- ☐ Vernichtung der Belege
- ☐ Kontierung des Beleges
- ☐ Buchung in sachlicher Ordnung auf Konten (Hauptbuch)
- ☐ Posteingangsstempel auf den Beleg
- ☐ Ablage der Belege
- ☐ Belegprüfung (ggf. sachliche und rechnerische Prüfung)
- ☐ Vergabe einer internen Belegnummer, ggf. Kunden- oder Lieferantennummer vermerken

Aufgabe 2

Die Fly Bike Werke GmbH erhält am 13. 07. 20XX nachfolgend abgebildeten Kontoauszug. Der Kontoauszug (Buchungsbeleg) ist die Grundlage für die Kontierung und die Buchung von drei Geschäftsvorfällen.

a Formulieren Sie für die drei Geschäftsvorfälle einen eindeutigen Text. Beachten Sie dabei, dass die Hofkauf AG ein Kunde und die Alu-Werke Bonn AG ein Rohstofflieferer der Fly Bike Werke GmbH ist.

b Geben Sie für die drei Geschäftsvorfälle die jeweilige Kontierung und den Buchungssatz an.

Oldenburg-Bank

IBAN DE86 2805 0100 0112 3264 44		**Kontoauszug** Oldenburg-Bank	Auszug 126	Blatt 1
Buchungstag	Wert	Vorgang/Erläuterungen	Beträge in €	
		Kontostand am 12. 07. 20XX	32.430,00 +	
13. 07. 20XX	13. 07. 20XX	Barauszahlung	1.000,00 –	
13. 07. 20XX	13. 07. 20XX	Hofkauf AG, Köln Rechnung 312 vom 01. 07. 20XX	23.800,00 +	
13. 07. 20XX	13. 07. 20XX	Alu-Werke Bonn AG Rechnung 398 vom 20. 06. 20XX	11.900,00 –	
		Kontostand am 13. 07. 20XX	43.330,00 +	

Fly Bike Werke GmbH, Oldenburg

Aufgabe 3

Geben Sie für nachfolgende Kontierungen jeweils den zutreffenden Beleg und den jeweiligen Buchungssatz an.

Kontierung Nr. 1

Konto	Soll	Haben
Bankguthaben	23.800,00	
Forderungen a.L.L.		23.800,00
Gebucht: 01. 08. 20xx G120 Ta/La		

Kontierung Nr. 2

Konto	Soll	Haben
Fuhrpark	59.500,00	
Verbindlichkeiten a.L.L.		59.500,00
Gebucht: 01. 08. 20xx G121 Ta/La		

Kontierung Nr. 3

Konto	Soll	Haben
Kasse	1.785,00	
Geschäftsausstattung		1.785,00
Gebucht: 01. 08. 20xx G121 Ta/La		

Aufgabe 4

Erstellen Sie einen Geschäftsgang im Grund- und Hauptbuch.

Anfangsbestände der Bestandskonten	€
Grundstücke und Bauten	400.000,00
Technische Anlagen und Maschinen	150.000,00
Fuhrpark	30.000,00
Geschäftsausstattung	900.000,00
Rohstoffe	60.000,00
Hilfsstoffe	20.000,00
Forderungen a. L. L.	35.000,00
Kasse	5.000,00
Bankguthaben	52.000,00
Eigenkapital	?
langfristige Bankverbindlichkeiten	500.000,00
Verbindlichkeiten a. L. L.	252.000,00

Nr.	Belegart	Geschäftsvorfälle	€
1	Grundbuchauszug, Kontoauszug	Bankgutschrift für den Verkauf eines ungenutzten Grundstücks	50.000,00
2	Kontoauszug	Bankgutschriften für Kundenüberweisungen	25.000,00
3	Eingangsrechnung	Kauf eines Pkw für den Geschäftsführer auf Ziel	60.000,00
4	Eingangsrechnungen	Zielkauf von Rohstoffen und Hilfsstoffen	25.000,00 10.000,00
5	Ausgangsrechnung	Verkauf einer gebrauchten Maschine auf Ziel	22.000,00
6	Kontoauszug	Banklastschrift für die Überweisung einer Darlehensrate	20.000,00
7	Eingangsrechnung	Zielkauf einer Büroeinrichtung für den Geschäftsführer	32.000,00
8	Kontoauszug	Banklastschriften für Überweisungen an Lieferer	45.000,00
9	Quittung	Kauf eines Mobiltelefons gegen Barzahlung	900,00
10	Quittung	Verkauf eines gebrauchten Büroschreibtisches (Barzahlung)	700,00

Aufgabe 5

Bilden Sie die Buchungssätze für die folgenden Geschäftsvorfälle:

Nr.	Belegart	Geschäftsvorfälle	€
1	Eingangsrechnung	Hilfsstoffeinkauf auf Ziel	2.000,00
2	Ausgangsrechnung	Verkauf eines gebrauchten Handys (Barzahlung)	50,00
3	Kontoauszug	Bankgutschrift: Kundenüberweisung	2.700,00
4	Eingangsrechnung	Kauf einer Telefonanlage auf Ziel	3.400,00
5	Quittung	Barkauf eines Handys	900,00
6	Quittung	Barkauf von Werkzeugen	2.500,00
7	Kontoauszug	Banklastschrift: Überweisung an einen Lieferer	2.700,00
8	Kassenbeleg	Barkauf eines gebrauchten Lkws	48.000,00
9	Vertrag, Kontoauszug	Aufnahme eines Darlehens bei einer Bank mit Gutschrift auf dem Bankkonto	60.000,00
10	Eingangsrechnung	Kauf einer Verpackungsmaschine für das Lager auf Ziel	14.500,00
11	Ausgangsrechnung	Verkauf gebrauchter Büromöbel auf Ziel	6.000,00

Lernsituation 20

Bilanzen und Bilanzkonten unterscheiden

FK ▶ TF 11.3 | Kap. 3.7

Situation

Herr Stein, Geschäftsführer der Stein GmbH in Bonn, hat für das Geschäftsjahresende 20X1 die nachfolgende Bilanz aufgestellt. Für den Beginn des Geschäftsjahres 20X2 müssen die Anfangsbestände auf die Bestandskonten übertragen und das Eröffnungsbilanzkonto erstellt werden.

Bilanz der Stein GmbH zum 31. 12. 20X1

Aktiva			Passiva		
A.	**Anlagevermögen**		A.	**Eigenkapital**	661.550,00
1.	Grundstücke und Bauten	520.000,00	B.	**Verbindlichkeiten**	
2.	TA und Maschinen	125.000,00	1.	Langfristige Bankverbindlichkeiten	780.000,00
3.	Betriebs- und Geschäftsausstattung	337.000,00	2.	Verbindlichkeiten a. L. L.	64.600,00
B.	**Umlaufvermögen**				
1.	Rohstoffe	312.000,00			
2.	Forderungen a. L. L.	124.000,00			
3.	Kasse	5.260,00			
4.	Bankguthaben	82.890,00			
		1.506.150,00			1.506.150,00

Bonn, 04. 03. 20X2 Klaus Stein

Grundbuch: Eröffnungsbuchungen

Nr.	Soll	€	Haben	€
1				
2				
3				
4				
5				
6				
7				
8				
9				
10				

Hauptbuch:

Eröffnungsbilanzkonto

Arbeitsblatt 20.1 | Bilanzen und Bilanzkonten

Ende des vorigen Geschäftsjahres:

Inventur

↓

Inventar

↓

Schlussbilanz

Bestandskonten	Bestandskonten

↓

Beginn des Berichtsjahres:

Eröffnungsbilanz

Bestandskonten	Bestandskonten

↓

Eröffnungsbilanzkonto (EBK)

Bestandskonten	Bestandskonten

Grundbuch: Eröffnungsbuchungen

Bestandskonten	an	EBK
EBK	an	Bestandskonten

Grundbuch: alle Geschäftsvorfälle des Berichtsjahres

Grundbuch: Abschlussbuchungen

SBK	an	Bestandskonten
Bestandskonten	an	SBK

Ende des Berichtsjahres:
Vorläufiger Abschluss im Hauptbuch; Abgleich der Sollwerte (Buchhaltung) mit den Istwerten (Inventur); ggf. Korrekturbuchungen im Grund- und Hauptbuch

Schlussbilanzkonto (SBK)

Bestandskonten	Bestandskonten

↓

Inventur

↓

Inventar

↓

Schlussbilanz

Bestandskonten	Bestandskonten

Aufgaben

Aufgabe 1
Beschreiben Sie die Geschäftsvorfälle, die zu den nachfolgenden Buchungen auf dem Konto Kasse geführt haben.

S		Kasse		H
EBK	4.560,00	2	Verbindlichkeiten a. L. L.	2.300,00
1 Bankguthaben	24.500,00	3	TA und Maschinen	5.000,00
5 Fuhrpark	3.000,00	4	Rohstoffe	7.200,00
6 BGA	1.200,00	7	Postbankguthaben	2.000,00
8 Forderungen a. L. L.	5.000,00		SBK	21.760,00
	38.260,00			38.260,00

Aufgabe 2
Bilden Sie die Buchungssätze:

a Eröffnung Konto Kasse mit einem Anfangsbestand von 6.000,00 €

b Eröffnung Konto Darlehen mit einem Anfangsbestand von 200.000,00 €

c Abschluss Konto Verbindlichkeiten a. L. L. mit einem Endbestand von 64.000,00 €

d Abschluss Konto Fuhrpark mit einem Endbestand von 34.000,00 €

e Einkauf eines neuen Lkw auf Ziel 75.000,00 €

f Verkauf eines gebrauchten Lkw auf Ziel 12.000,00 €

Aufgabe 3
Vervollständigen Sie die nachfolgenden Aussagen durch Zuordnung der richtigen Begriffe.

a Sollbuchungen bewirken eine Mehrung des Wertes auf ______________________.

b Die Eröffnungsbuchungen lauten immer EBK an ______________________.

c Schlussbilanzwerte werden immer durch eine ______________________ ermittelt.

d Das Eröffnungsbilanzkonto enthält dieselben Posten und Werte wie die ______________________.

e Minderungen auf einem passiven Bestandskonto werden als ______________________ erfasst.

f Verluste bewirken in der Bilanz eine ______________________.

g Der Endbestand des Kontos Eigenkapital steht im SBK im ______________________.

h Der Anfangsbestand des Kontos Forderungen steht im ______________________.

i Die Aktiva einer Eröffnungsbilanz stehen im EBK im ______________________.

j Die Passiva einer Schlussbilanz stehen im SBK im ______________________.

k Die erste Angabe in einem Buchungssatz ist die ______________________.

l Aktiva und Passiva sind Bezeichnungen für eine ______________________.

m Inventurwerte des letzten Geschäftsjahres finden wir in der ______________________.

Begriffe: Eigenkapitalminderung, Sollbuchung, Eröffnungsbilanz, Soll, Haben, Inventur, passive Bestandskonten, aktive Bestandskonten (Mehrfachnennungen sind möglich!)

Aufgabe 4

Folgendes Eröffnungsbilanzkonto ist vorgegeben.

Soll		Eröffnungsbilanzkonto	Haben
Eigenkapital	300.000,00	Grundstücke und Bauten	290.000,00
Langfristige Bankverbindlichkeiten	160.000,00	Technische Anlagen und Maschinen	60.000,00
Verbindlichkeiten a. L. L.	120.500,00	Betriebs- und Geschäftsausstattung	45.000,00
		Rohstoffe	90.000,00
		Forderungen a. L. L.	65.000,00
		Kasse	5.500,00
		Bankguthaben	25.000,00
	580.500,00		580.500,00

Nr.	Belegart	Geschäftsvorfälle	€
1	Eingangsrechnung	Einkauf von Rohstoffen auf Ziel	85.000,00
2	Vertrag, Kontoauszug	Aufnahme eines Darlehens gegen Banküberweisung	300.000,00
3	Vertrag, Kontoauszug	Kauf eines Grundstückes gegen Banküberweisung	200.000,00
4	Eingangsrechnung, Kontoauszug	Kauf einer Maschine gegen Banküberweisung	50.000,00
5	Eingangsrechnung	Kauf von Büroeinrichtungen auf Ziel	20.000,00
6	Ausgangsrechnung	Verkauf einer gebrauchten Maschine auf Ziel	20.000,00
7	Kassenbeleg, Kontoauszug	Barabhebung vom Bankkonto	5.000,00
8	Kontoauszug	Banküberweisung von Kunden	65.000,00
9	Kontoauszug	Banküberweisung an Lieferer	55.000,00
10	Quittung	Barkauf eines Bürodrehstuhls	1.500,00
11	Eingangsrechnung, Kontoauszug	Banküberweisung nach Fertigstellung einer neuen Lagerhalle	50.000,00

Erstellen Sie das Grundbuch mit allen Eröffnungsbuchungen (über EBK), Buchungen der Geschäftsvorfälle und allen Abschlussbuchungen (über SBK). Erstellen Sie anschließend das Hauptbuch (EBK bis SBK).

Lernsituation 21

Erfolge ermitteln

FK ▶ TF 11.3 | Kap. 4

Situation

Frau Nowak zeigt sich in einer Dienstbesprechung besorgt. In der 23. Kalenderwoche liegen die Ausgaben erheblich über den Einnahmen, das Bankguthaben sinkt. Vermögenserhöhungen sind auch nicht feststellbar. Frau Taubert beruhigt sie: „Wir haben in dieser Woche erhebliche Aufwendungen verbucht, ohne dass entsprechende Erträge erfasst werden konnten. Das ist aber nur eine Momentaufnahme, die sich in den folgenden Kalenderwochen wieder ausgleichen wird. Langfristig ist unser Erfolg nicht gefährdet.“

Aufwands- und Ertragspositionen der Fly Bike Werke, 23. Kalenderwoche	**Wert der Aufwendungen in €**	**Wert der Erträge in €**
Aufwendungen für Rohstoffe	24.000,00	
Aufwendungen für Vorprodukte/Fremdbauteile	62.000,00	
Aufwendungen für Hilfsstoffe	12.000,00	
Aufwendungen für Betriebsstoffe	6.000,00	
Aufwendungen für Waren	24.000,00	
Verpackungsmaterial	2.300,00	
Energie	2.600,00	
Löhne	44.000,00	
Gehälter	38.000,00	
Mieten/Pachten	5.000,00	
Büromaterial	600,00	
Postgebühren/Telefon	400,00	
Werbung	5.000,00	
Versicherungsbeiträge	2.100,00	
Kfz-Steuer	600,00	
Zinsaufwendungen	2.300,00	
Umsatzerlöse für eigene Erzeugnisse		98.000,00
Umsatzerlöse für Waren		12.000,00
Zinserträge		520,00
Summen		

Arbeitsaufträge

1 Ermitteln Sie in der obigen Tabelle den Gesamtwert der Aufwendungen und den Gesamtwert der Erträge der Fly Bike Werke GmbH in der 23. Kalenderwoche.

2 Ermitteln Sie in der nachfolgenden Tabelle den Erfolg der Fly Bike Werke GmbH in der 23. Kalenderwoche.

Summe der Erträge	– Summe der Aufwendungen	= Erfolg

Aufwendungen > Erträge = Verlust

Aufwendungen < Erträge = Gewinn

3 Stellen Sie fest, ob die Fly Bike Werke GmbH in der 23. Kalenderwoche einen Verlust oder einen Gewinn erzielt hat.

Arbeitsblatt 21.1 | Materialverbrauch 1: Inventurmethode (Bestandsvergleich)

Ablauf:

1 Der Anfangsbestand des Materialkontos wird auf das Bestandskonto übertragen.
2 Alle Einkäufe werden auf dem Bestandskonto im Soll gebucht.
Hinweis: Während der Abrechnungsperiode wird kein Materialverbrauch gebucht.
3 Der Endbestand für die Bestandskonten wird als Inventurwert vorgegeben.
4 Die Materialverbräuche werden rechnerisch als Differenz zwischen Anfangsbestand + Einkäufe – Endbestand auf den Bestandskonten ermittelt und auf die Aufwandskonten umgebucht.
5 Die Aufwandskonten werden abgeschlossen.

Grundbuch:

	€		€
1a Eröffnung Rohstoffe (AB)	5.000,00	1b Eröffnung Hilfsstoffe (AB)	2.000,00
2a Einkauf Rohstoffe auf Ziel	10.000,00	2b Einkauf Hilfsstoffe auf Ziel	5.000,00
3a Inventurbestand Rohstoffe	2.000,00	3b Inventurbestand Hilfsstoffe	2.500,00

Nr.	Soll	€	Haben	€
1a 1b				
2a 2b				
3a 3b				

Hauptbuch:

Bestandskonten

S	Rohstoffe	H

S	Hilfsstoffe	H

Aufwandskonten

S	Aufw. f. Rohstoffe	H

S	Aufw. f. Hilfsstoffe	H

Zu 4) Ermitteln Sie auf den Bestandskonten den jeweiligen Materialverbrauch und buchen Sie diesen um.
Zu 5) Schließen Sie die Aufwandskonten ab.

Grundbuch:

4a Umbuchung Materialverbrauch Rohstoffe
5a Abschluss Aufwendungen für Rohstoffe
4b Umbuchung Materialverbrauch Hilfsstoffe
5b Abschluss Aufwendungen für Hilfsstoffe

Nr.	Soll	€	Haben	€
4a 4b				
5a 5b				

Hauptbuch:

S	SBK	H

S	GuV-Konto	H

Arbeitsblatt 21.2 | Materialverbrauch 2: Skontrationsmethode (Bestandsfortschreibung)

Ablauf:

1 Der Anfangsbestand des Materialkontos wird auf das Bestandskonto übertragen.
2 Alle Einkäufe werden auf dem Bestandskonto im Soll gebucht.
3 Materialverbräuche werden durch Materialentnahmescheine (MES) erfasst.
Buchung: Aufwandskonto an Bestandskonto
4 Der Endbestand wird auf dem Bestandskonto rechnerisch ermittelt (und in der Inventur überprüft).
5 Der Materialverbrauch ergibt sich als Saldo auf dem Aufwandskonto.

Grundbuch:

	€		€
1a Eröffnung Rohstoffe (AB)	50.000,00	1b Eröffnung Hilfsstoffe (AB)	20.000,00
2a Einkauf Rohstoffe auf Ziel	100.000,00	2b Einkauf Hilfsstoffe auf Ziel	100.000,00
3a MES Rohstoffe	130.000,00	3b MES Hilfsstoffe	40.000,00

Nr.	Soll	€	Haben	€
1a 1b				
2a 2b				
3a 3b				

Hauptbuch:

Bestandskonten

S	Rohstoffe	H

S	Hilfsstoffe	H

Aufwandskonten

S	Aufw. f. Rohstoffe	H

S	Aufw. f. Hilfsstoffe	H

Zu 4) Ermitteln Sie auf den Bestandskonten die Endbestände und schließen Sie die Konten ab.
Zu 5) Ermitteln Sie auf den Erfolgskonten den Materialverbrauch und schließen Sie die Konten ab.

Grundbuch:

4a Abschluss Rohstoffe
5a Abschluss Aufwendungen für Rohstoffe

4b Abschluss Hilfsstoffe
5b Abschluss Aufwendungen für Hilfsstoffe

Nr.	Soll	€	Haben	€
4a 4b				
5a 5b				

Hauptbuch:

S	SBK	H

S	GuV-Konto	H

Arbeitsblatt 21.3 | Erfolg mit Handelswaren

Die Fly Bike Werke GmbH hat im Rahmen eines Streckengeschäftes 150 Fahrradanhänger an die MaHro AG in Essen liefern lassen. Der Verkäufer, die Fahrradteile International GmbH, hat die Transport- und Verpackungskosten übernommen.

Beleg Nr. 1

Fahrradteile International GmbH

Posteingang: 21.08.20XX

Fahrradteile International GmbH, Borgwardstr. 16 28309 Bremen

Fly Bike Werke GmbH
Rostocker Str. 334
26121 Oldenburg

Rechnungsprüfung	
Sachlich richtig	Rechnerisch richtig
Datum 21.08.20XX	Datum 21.08.20XX
Nz. Taubert	Nz. Taubert

Kundennummer:	10112
Ihre Bestellung Nr.:	76
Ihr Bestell-Datum:	09.07.20XX
Unsere Lieferschein-Nr.:	102
Unser Lieferdatum:	20.08.20XX

Ihr Ansprechpartner: Herr Itze
Tel. 0421 83XX - 1

Rechnung-Nr.: 102		Rechnungs-Datum: 20.08.20XX			
Artikel-Nr.	Artikelbezeichnung	Stückzahl	Einzelpreis €	Rabatt %	Gesamtpreis €
10100	Fahrradanhänger WXP-100 Ihre Modellbezeichnung „Kelly“	100	45,00	0,00	4.500,00
10300	Fahrradanhänger WXO-300 Ihre Modellbezeichnung „Max“	50	75,00	0,00	3.750,00
				Rechnungsbetrag [1]	8.250,00

Versandart: Lieferung frei Lager Mühlheim per LKW
Wir liefern direkt in Ihrem Auftrag an die Matro AG Zwischenlager Mühlheim, Kruppstr. 60, 45472 Mühlheima.d.R.

Beleg Nr. 2

FLY BIKE Werke GmbH

FBW GmbH • Rostocker Str. 334 • 26121 Oldenburg

MaHro AG
Zentraleinkauf
Altenessener Straße 661
45472 Essen

Rechnung Nr. 612				
Bearbeiter	Kundennr.	Ihre Bestellung Nr.	Ihre Bestellung vom	Rechnungsdatum
Frau Dogan	40022	5982	15.08.20XX	22.08.20XX
Versandart/Freivermerk Lkw/frei Lager		Verpackungsart Kartonage		Geliefert am 22.08.20XX

Die Lieferung erfolgte im Auftrag an Ihr Zwischenlager in Mühlheim, Kruppstr. 60.

Pos.-Nr.	Artikel-Nr.	Artikelbezeichnung	Menge	Einzelpreis in €	Rabatt in %	Gesamtpreis in €
01	601	Fahrradanhänger Kelly	100	110,00	20,00	8.800,00
02	603	Fahrradanhänger Max	50	270,00	20,00	10.800,00
					Rechnungsbetrag in € [1]	19.600,00

[1] Der Rechnungsbetrag ist umsatzsteuerpflichtig – siehe Fachkunde, TF 12.8, Kap. 1 und Lernsituation 74.

1 Buchen Sie den Ein- und Verkauf der Handelsware.
2 Ermitteln Sie den Rohgewinn aus diesem Geschäft.

Nr.	Soll	€	Haben	€
1				
2				

Arbeitsblatt 21.4 | Bestands- oder Erfolgskonto – Gewinn oder Verlust?

Ein Industrieunternehmen ermittelt folgende Kontenabschlussbeträge am Jahresende.

a Ordnen Sie die Beträge den Abschlusskonten zu.
b Erstellen Sie das GuV-Konto und ermitteln Sie den Gewinn.
c Vervollständigen Sie das Eigenkapitalkonto und erstellen Sie danach das Schlussbilanzkonto.

Konten (mit Abkürzungen für die Abschlusskonten)		**Beträge in €**	**Aktives Bestandskonto**	**Passives Bestandskonto**	**Aufwands-konto**	**Ertragskonto**
			Abschluss SBK im Soll	**Abschluss SBK im Haben**	**Abschluss GuV im Soll**	**Abschluss GuV im Haben**
Aufwendungen für Rohstoffe	AfR	40.000,00			40.000,00	
Bankguthaben	Ba	43.000,00				
Büromaterial	Bü	750,00				
Darlehen (langfristige Bankverbindlichkeiten)	Da	60.000,00				
Eigenkapital	EK	?				
Forderungen a. L. L.	Fo	25.000,00				
Fuhrpark	Fu	30.000,00				
Fremdinstandhaltung	Fr	1.200,00				
Grundstücke u. Gebäude	GuG	90.000,00				
Geschäftsausstattung	Ga	25.000,00				
Gehälter	Ge	32.000,00				
Kasse	Ka	5.200,00				
Löhne	Lö	44.000,00				
Mieten/Pachten	MuP	36.000,00				
Mieterträge	ME	5.000,00				
Postgebühren/Telefon	PuT	500,00				
Provisionserträge	PrE	1.200,00				
Umsatzerlöse für eigene Erzeugnisse	UfE	180.000,00				
Rohstoffe	Ro	4.000,00				
Verbindlichkeiten a. L. L.	Vbk	44.000,00				
Zinserträge	ZE	2.400,00				

S	GuV-Konto	H
AfR		

S	Schlussbilanzkonto (SBK)	H

S	Eigenkapital (EK)	H
	EBK	84.050,00

Arbeitsblatt 21.5 | Abschluss von Erfolgs- und Bestandskonten

Ertragskonten	an	
	an	Aufwandskonten
GuV-Konto (bei Gewinn)	an	
SBK	an	
	an	SBK

Schließen Sie die Konten ab: GuV-Konto oder SBK?

S — BGA — H

S		H	
EBK	50.000,00		
5) Ba	6.000,00		

S — Eigenkapital (EK) — H

S		H	
		EBK	44.000,00

S — Rohstoffe (Ro) — H

S		H	
EBK	7.000,00	SBK	6.000,00
1) Ve	30.000,00		
2) Ba	2.000,00		

S — langfr. Bankverbindlichkeiten (LB) — H

S		H	
4) Ba	10.000,00	EBK	30.000,00

S — Bankguthaben (Ba) — H

S		H	
EBK	23.000,00	2) Ro	2.000,00
3) UfE	52.000,00	4) LB	10.000,00
7) ZE	500,00	5) BGA	6.000,00
8) UfE	6.000,00	6) Ge	20.000,00

S — Verbindlichkeiten a. L. L. (Ve) — H

S		H	
		EBK	6.000,00
		1) Ro	30.000,00

S — Aufwendungen f. Rohstoffe (AfR) — H

S		H	

S — Umsatzerlöse f. eigene Erzeugnisse (UfE) — H

S		H	
		3) Ba	52.000,00
		8) Ba	6.000,00

S — Gehälter (Ge) — H

S		H	
6) Ba	20.000,00		

S — Zinserträge (ZE) — H

S		H	
		7) Ba	500,00

S — SBK — H

S		H	

S — GuV-Konto — H

S		H	

Aufgaben

Aufgabe 1

Bilden Sie die Buchungssätze für die nachfolgenden erfolgswirksamen Geschäftsvorfälle unter Beachtung der folgenden Erfolgskonten: Aufwendungen für Fremdbauteile, Aufwendungen für Rohstoffe, Büromaterial, Fremdinstandhaltung, Gehälter, Kfz-Steuer, Löhne, Mieten/Pachten, Mieterträge, Postgebühren/Telefon, Provisionserträge, Umsatzerlöse für eigene Erzeugnisse, Versicherungsbeiträge, Werbung, Zinsaufwendungen, Zinserträge

		€
1	Gehaltszahlung per Banküberweisung	6.200,00
2	Banklastschrift für Zinsen	510,00
3	Barkauf von Büromaterial	120,00
4	Banküberweisung an das Finanzamt für Kfz-Steuer	245,00
5	Eingangsrechnung für die Gestaltung einer Werbeanzeige für eine Fachzeitschrift	1.900,00
6	Reparatur eines Personal Computers gegen Barzahlung	460,00
7	Banküberweisung der Kfz-Haftpflichtversicherung	650,00
8	Banküberweisung eines Lagerhallenmieters	2.000,00
9	Barkauf von Briefmarken	50,00
10	Bankgutschrift für Provisionen	2.300,00
11	Banklastschrift für Telefongebühren	430,00
12	Lohnzahlung, bar	14.200,00
13	Kfz-Reparatur gegen Barzahlung	600,00
14	Zinsgutschrift der Bank	500,00
15	Banküberweisung an Vermieter	3.000,00
16	Verkauf von fertigen Erzeugnissen gegen Banküberweisung	52.000,00
17	Verbrauch von Rohstoffen	16.000,00
18	Materialentnahmeschein für Fremdbauteile	800,00

Aufgabe 2

Erstellen Sie einen Geschäftsgang im Grund- und Hauptbuch.
Anfangsbestände der Bestandskonten in €:

Aktive Bestandskonten	€
Rohstoffe	120.000,00
Hilfsstoffe	35.000,00
Forderungen a. L. L.	50.000,00
Bankguthaben	165.000,00

Passive Bestandskonten	€
Eigenkapital	200.000,00
Darlehen	145.000,00
Verbindlichkeiten	25.000,00

Erfolgskonten:
- Aufwandskonten: Aufwendungen für Rohstoffe, Aufwendungen für Hilfsstoffe, Löhne
- Ertragskonten: Umsatzerlöse für eigene Erzeugnisse, Zinserträge
- Abschlusskonten: Gewinn-und-Verlust-Konto (GuV), Schlussbilanzkonto (SBK)

Geschäftsvorfälle		€
1	Einkauf von Rohstoffen auf Ziel	240.000,00
2	Einkauf von Hilfsstoffen auf Ziel	32.000,00
3	Verkauf von fertigen Erzeugnissen auf Ziel	600.000,00
4	Banküberweisungen für Löhne	150.000,00
5	Bankgutschriften für Zinsen	2.500,00

Endbestände laut Inventur:
- Rohstoffe 90.000,00 €
- Hilfsstoffe 40.000,00 €

Aufgabe 3

Erstellen Sie einen vollständigen Geschäftsgang. Anfangsbestände der Bestandskonten:

Aktive Bestandskonten	€	Passive Bestandskonten	€
Grundstücke und Bauten	360.000,00	Eigenkapital	600.000,00
Maschinen	250.000,00	langfristige Bankverbindlichkeiten	250.000,00
Betriebs- und Geschäftsausstattung	85.000,00		
Rohstoffe	35.000,00	Verbindlichkeiten a. L. L.	56.000,00
Hilfsstoffe	25.000,00		
Betriebsstoffe	12.500,00		
Forderungen a. L. L.	42.000,00		
Kasse	8.500,00		
Bankguthaben	88.000,00		

Erfolgskonten: Aufwendungen für Rohstoffe, Aufwendungen für Hilfsstoffe, Aufwendungen für Betriebsstoffe, Fremdinstandhaltung, Mieten, Löhne und Gehälter, Umsatzerlöse für eigene Erzeugnisse, Provisionserträge
Eröffnungs- und Abschlusskonten: EBK, GuV-Konto, SBK

Nr.	Belegart	Geschäftsvorfälle	€
1	Eingangsrechnungen	Zieleinkauf von Rohstoffen, Hilfsstoffen und Betriebsstoffen	92.000,00 34.500,00 12.600,00
2	Kontoauszug mit Lastschrift	Tilgung eines Darlehens durch Banküberweisung	10.000,00
3	Kontoauszug mit Gutschrift	Banküberweisungen von Kunden	38.000,00
4	Eingangsrechnung	Reparatur einer Verpackungsmaschine auf Ziel	14.000,00
5	Kontoauszug mit Lastschrift	Lohn- und Gehaltsauszahlungen	65.000,00
6	Kontoauszug mit Lastschriften	Überweisungen an Lieferer Überweisung an Lagerhallenvermieter	26.500,00 12.000,00
7	Ausgangsrechnungen	Verkauf aller produzierten Erzeugnisse auf Ziel	252.000.00
8	Kassenbeleg	Verkauf eines gebrauchten Schreibtisches gegen Barzahlung	200,00
9	Kassenbeleg	Für die Vermittlung eines Warengeschäftes erhalten wir eine Provision bar.	2.500,00

Inventurbestände:
Rohstoffe: 15.000,00 €; Hilfsstoffe: 37.000,00 €; Betriebsstoffe: 8.400,00 €

Aufgabe 4

a Ermitteln Sie den Materialverbrauch und den Wert des Wareneinsatzes.

	Anfangsbestände in €	Endbestände in €	Einkäufe in €	Materialverbrauch/ Wareneinsatz
1 Rohstoffe	40.000,00	60.000,00	120.000,00	
2 Hilfsstoffe	2.000,00	1.500,00	40.000,00	
3 Betriebsstoffe	1.200,00	1.000,00	16.000,00	
4 Fremdbauteile	8.000,00	12.500,00	240.000,00	
5 Handelswaren	4.200,00	6.000,00	41.800,00	

b Ermitteln Sie den Reingewinn, wenn weitere Aufwendungen in Höhe von 86.000,00 € gebucht worden sind. Die Umsatzerlöse für eigene Erzeugnisse betragen 612.500,00 €, die für Handelswaren 60.000,00 €.

c Berechnen Sie den Rohgewinn für Handelswaren in € und in Prozent.

Aufgabe 5
Erstellen Sie einen Geschäftsgang im Grund- und Hauptbuch.

Anfangsbestände der Bestandskonten:

Aktive Bestandskonten	€	Passive Bestandskonten	€
Maschinen	120.000,00	Eigenkapital	200.000,00
Betriebs- und Geschäftsausstattung	60.000,00	langfristige Bankverbindlichkeiten	100.000,00
Rohstoffe	1.000,00		
Hilfsstoffe	12.000,00	Verbindlichkeiten a. L. L.	18.000,00
Betriebsstoffe	2.000,00		
Forderungen	44.000,00		
Bankguthaben	65.000,00		
Kasse	14.000,00		

Weitere einzurichtende Konten: EBK, Aufwendungen für Rohstoffe (Fertigungsmaterial), Aufwendungen für Hilfsstoffe, Aufwendungen für Betriebsstoffe, Löhne, Gehälter, Umsatzerlöse für eigene Erzeugnisse, Zinserträge, GuV-Konto, SBK

Nr.	Belegart	Geschäftsvorfälle	€
1	Eingangsrechnung	Einkauf von Rohstoffen auf Ziel	60.000,00
2	Ausgangsrechnung, Kassenbeleg	Verkauf einer gebrauchten Maschine gegen Barzahlung	20.000,00
3	Eingangsrechnung, Kontoauszug	Einkauf von Hilfsstoffen gegen Banküberweisung	24.000,00
4	Kontoauszug	Banküberweisungen für Löhne und Gehälter	14.000,00 8.500,00
5	Kontoauszug	Bankgutschrift für Zinsen	2.500,00
6	Eingangsrechnung	Zielkauf von Betriebsstoffen	6.000,00
7	Ausgangsrechnung	Verkauf von eigenen Erzeugnissen auf Ziel	124.000,00
8	Vertrag, Kontoauszug	Aufnahme eines Darlehens gegen Bankgutschrift	52.000,00
9	Eingangsrechnung, Kontoauszug	Kauf einer neuen Büroeinrichtung gegen Banküberweisung	48.000,00

Abschlussangaben: Inventurbestand Rohstoffe 2.500,00 €; Hilfsstoffe 8.000,00 €, Betriebsstoffe 1.200,00 €.

Auf Basis eines Kontenplans buchen

FK ▶ TF 11.3 | Kap. 5.2

Situation

Ben Freitag ist zurzeit sehr zufrieden – sein Unternehmen wächst ständig. Sehr hilfreich dabei war seine eigene Website, über die er jetzt Sonderposten nur an Gewerbetreibende vertreibt. Darüber hinaus ist er auch Produzent geworden. Die Preise auf dem Weltmarkt für Computer-Bauteile sind so stark gesunken, dass es sich für ihn lohnt, Desktop-PCs zu produzieren. Natürlich „schrauben" seine neuen Mitarbeiter nur Fremdbauteile zusammen. Er beschäftigt jetzt drei Angestellte und drei Arbeiter – alle in Vollzeit und unbefristet!

Außer einem Firmenwagen, vier PC-Einheiten (selbst hergestellt!), einigen Büromöbeln und einer kleinen Werkstatteinrichtung (Tische, Werkzeuge, Testgeräte) besitzt er immer noch kein „hochwertiges" Anlagevermögen – die Lagerhalle mit Werkstatt und Bürotrakt ist nur gemietet. Natürlich hat Herr Freitag ein Bankkonto und kauft Handelswaren, Fremdbauteile, Hilfsstoffe und Betriebsstoffe „auf Rechnung". Verkäufe auf Ziel macht er zwar nicht gerne, das ist jetzt aber nicht mehr zu vermeiden. Da die Expansion viel Geld gekostet hat, ist er jetzt auch Kunde bei der ortsansässigen Sparkasse in deren Darlehensgeschäft.

Arbeitsauftrag

1 Erstellen Sie für Herrn Freitag einen Kontenplan, der für seine derzeitige Unternehmenssituation die wahrscheinlich notwendigen Konten auflistet. Es genügt die Angabe der Kontennummer.

Kontenplan Ben Freitag e. K.

Kontenklasse		Wahrscheinlich notwendige Konten (Kontonummern)
0	Sachanlagen	
1	Finanzanlagen	
2	Umlaufvermögen	
3	Eigenkapital	
4	Verbindlichkeiten	
5	Erträge	
6	Betriebliche Aufwendungen	
7	Weitere Aufwendungen	
8	Ergebnisrechnungen	

Arbeitsblatt 22.1 | Wichtige Konten im Überblick

Erste Stelle = Kontenklasse

Dritte Stelle = ______________________

Zweite Stelle = ______________________

Vierte Stelle = ______________________

Konto-Nr.				Kontenbezeichnung
0	5	1	0	Bebaute Grundstücke
0	7	2	0	
0	8	2	0	
0	8	4	0	
0	8	6	0	
0	8	7	0	
2	0	0	0	
2	0	1	0	
2	0	2	0	
2	0	3	0	
2	1	0	0	
2	2	0	0	
2	4	0	0	
				Bankguthaben
				Kasse
3	0	0	0	
				Langfristige Bankverbindlichkeiten (Darlehen, Hypotheken)
4	4	0	0	
5	0	0	0	
				Bestandsveränderungen
				Nebenerlöse (z. B. Mieterträge)
5	7	1	0	
6	0	0	0	
6	0	1	0	
6	0	2	0	
6	0	3	0	
6	2	0	0	
6	3	0	0	
				Mieten, Pachten
6	8	0	0	
7	5	1	0	
8	0	0	0	Eröffnungsbilanzkonto
8	0	1	0	
8	0	2	0	

Aufgaben

Aufgabe 1

Erläutern Sie die Geschäftsvorfälle, deren Buchungen Sie auf dem nachfolgenden Konto verfolgen können.

S	2800			H
1	8000	24.000,00	3	4400	4.600,00
2	2400	2.300,00	4	2880	500,00
6	5100	6.900,00	5	6880	200,00
			7	8010	27.900,00
		33.200,00			33.200,00

Aufgabe 2

Folgendes Eröffnungsbilanzkonto ist vorgegeben:

S	8000		H
3000	116.500,00	0720	114.000,00
4250	84.000,00	0860	42.000,00
4400	25.700,00	0870	22.300,00
		2000	10.000,00
		2400	11.500,00
		2800	25.500,00
		2880	900,00
	226.200,00		226.200,00

Tragen Sie die Gegenbuchungen auf den Bestandskonten ein und buchen Sie die folgenden Geschäftsvorfälle unter Berücksichtigung des nachfolgenden Kontenplans mit Kontennummern (bestandsorientierter Rohstoffeinkauf).

Kontenplan: 0720, 0860, 0870, 2000, 2400, 2800, 2880, 3000, 4250, 4400, 5000, 5410, 6000, 6160, 6300, 6700, 8000, 8010, 8020.

Nr., Belegart, Geschäftsvorfälle		€
1	Ausgangsrechnungen: Zielverkauf von eigenen Erzeugnissen	86.250,00
2	Kontoauszug der Bank mit Lastschriften:	
	Mietzahlung	5.400,00
	Gehaltsauszahlung	12.500,00
3	Quittung: Reparatur einer Hebebühne gegen Barzahlung	690,00
4	Eingangsrechnungen: Rohstoffeinkäufe auf Ziel	39.675,00
5	Kontoauszug mit Gutschriften:	
	Überweisungen von Kunden	53.000,00
	Provisionszahlungen	14.375,00
6	Kontoauszug mit Lastschrift: Tilgung eines langfristigen Darlehens	10.000,00
7	Eingangsrechnung: Kauf eines Personalcomputers auf Ziel	3.680,00
Abschlussangabe		
A1	Endbestand (Inventurbestand) Rohstoffe	8.000,00

a Bilden Sie die Buchungssätze mit Kontennummern.
b Buchen Sie die Geschäftsvorfälle auf den Konten.
c Schließen Sie alle Konten ab und erstellen Sie das GuV-Konto und das SBK.

Aufgabe 3
Erstellen Sie einen Geschäftsgang im Grund- und Hauptbuch.

Anfangsbestände der Bestandskonten		€
0800	Betriebs- u. Geschäftsausstattung [1]	100.000,00
2000	Rohstoffe	50.000,00
2400	Forderungen a. L. L.	40.000,00
2800	Bankguthaben	60.000,00
3000	Eigenkapital	105.000,00
4250	langfristige Bankverbindlichkeiten	120.000,00
4400	Verbindlichkeiten a. L. L.	25.000,00

[1] Sammelkonto

Weitere einzurichtende Konten: 5000 Umsatzerlöse für eigene Erzeugnisse, 6000 Aufwendungen für Rohstoffe, 6200 Löhne, 6300 Gehälter, 6800 Büromaterial, 6870 Werbung, 7510 Zinsaufwendungen, 8020 GuV-Konto, 8010 Schlussbilanzkonto.

Nr.	Belegart	Geschäftsvorfälle	€
1	Eingangsrechnung	Rohstoffeinkauf auf Ziel	120.000,00
2	Ausgangsrechnung, Kontoauszug	Erzeugnisverkauf gegen Banküberweisung	230.000,00
3	Kontoauszug	Banklastschrift für Büromaterialeinkauf	500,00
4	Eingangsrechnung	Kauf neuer Büromöbel auf Ziel	4.500,00
5	Kontoauszug	Banklastschrift für Überweisungen an Lieferer	20.000,00
6	Kontoauszug	Banklastschrift für Gehaltzahlungen 40.000,00 Banklastschrift für Lohnzahlungen 20.000,00	60.000,00
7	Eingangsrechnung	Werbeanzeige in einer Fachzeitschrift	1.000,00
8	Kontoauszug	Lastschrift für Darlehenstilgungsrate 5.000,00 Lastschrift für Darlehenszinsen 500,00	5.500,00
9	Kontoauszug	Gutschrift für Überweisungen von Kunden	15.000,00

Abschlussangaben: Der Inventurbestand der Rohstoffe beträgt 40.000,00 €.

Aufgabe 4
Bilden Sie die Buchungssätze mit Kontennummern.

Nr.	Belegart	Geschäftsvorfälle	€
1	Kontoauszug der Bank mit Lastschriften	Lagerhallenmiete Zinszahlungen Telefongebühren der Deutschen Telekom Löhne Gehälter	6.000,00 1.100,00 600,00 24.000,00 32.000,00
2	Kontoauszug	Überweisungen von Kunden Zinsgutschrift der Bank Provisionszahlungen	34.000,00 600,00 12.600,00
3	Abschluss der Konten	Rohstoffe Umsatzerlöse für eigene Erzeugnisse Zinsaufwendungen Provisionserträge GuV-Konto (bei Gewinn) GuV-Konto (bei Verlust) Fuhrpark Verbindlichkeiten a. L. L. Eigenkapital	134.000,00 262.000,00 3.600,00 9.600,00 66.000,00 12.300,00 122.000,00 98.000,00 334.000,00
4	Eingangsrechnung	Wareneinkauf auf Ziel	44.000,00
5	Ausgangsrechnung	Warenverkauf auf Ziel	86.000,00

Selbsteinschätzung TF 11.3

Ich kann ...	Kann ich	Kann ich nicht
Aufgaben und Bereiche des Rechnungswesens abgrenzen und rechtliche Grundlagen beachten		
1 ... Gesetze angeben, die die Dokumentation der Geschäftsvorfälle beeinflussen.		
2 ... die Aufgaben der Finanzbuchhaltung nennen.		
3 ... die Bereiche des Rechnungswesens beschreiben.		
Inventurwerte ermitteln		
1 ... Inventurarten beschreiben.		
2 ... Inventurmengen bewerten.		
Inventar und Bilanz erstellen und vergleichen		
1 ... ein Inventar in Staffelform aufstellen.		
2 ... eine Bilanz in Kontoform aufstellen.		
Die ersten Geschäftsvorfälle für die Fly Bike Werke buchen		
1 ... die vier Werteveränderungen von Bilanzposten erklären.		
2 ... Buchungsregeln für Bestandskonten beschreiben.		
3 ... auf Bestandskonten buchen und diese abschließen.		
Nach Belegen buchen		
1 ... Geschäftsvorfälle anhand von Belegen beschreiben.		
2 ... Belege kontieren und buchen.		
Bilanzen und Bilanzkonten unterscheiden		
1 ... Bestandskonten über das Eröffnungsbilanzkonto eröffnen.		
2 ... Bestandskonten über das Schlussbilanzkonto abschließen.		
Erfolge ermitteln		
1 ... Aufwendungen und Erträge unterscheiden und buchen.		
2 ... eine Gewinn-und-Verlust-Rechnung aufstellen.		
3 ... eine Eigenkapitalveränderung ermitteln und buchen.		
Auf Basis eines Kontenplans buchen		
1 ... einen Kontenrahmen von einem Kontenplan abgrenzen.		
2 ... mit Kontennummern buchen.		

Bildquellenverzeichnis

Cover: stock.adobe.com / goodluz; **S. 2** (unten links): PEFC Deutschland e. V.; **S. 6** (Foto): stock.adobe.com / industrieblick; **S. 6** (Unternehmens-Logo): Cornelsen / PER Medien und Marketing GmbH; **S. 10** (City-Rad): Shutterstock.com / Vladyslav Starozhylov; **S. 10** (Kinderrad): Shutterstock.com / Gena73; **S. 10** (Rennrad): Shutterstock.com / steamroller_blues; **S. 10** (Mountainbike): Shutterstock.com / stockphoto-graf; **S. 11**: Shutterstock.com / Eshma; **S. 12** (oben): Cornelsen / Vitaledesign; **S. 13**: Cornelsen / VDL; **S. 16** (oben Mitte): Shutterstock.com / Cookie Studio; **S. 16** (oben rechts): Shutterstock.com / Africa Studio; **S. 18** (unten rechts): Shutterstock.com / Jacob Lund; **S. 19** (oben rechts): Cornelsen / PER Medien und Marketing GmbH; **S. 20** (Mitte): Cornelsen / vitaledesign; **S. 21** (Mitte): stock.adobe.com / Mark Carrel; **S. 22** (oben rechts): stock.adobe.com / Quality Stock Arts; **S. 27** (oben rechts): stock.adobe.com / Anela R / peopleimages.com; **S. 27** (Mitte): stock.adobe.com / SusaZoom; **S. 29** (Mitte links): Shutterstock.com / Boris Medvedev; **S. 29** (Mitte rechts): Cornelsen / PER Medien und Marketing GmbH; **S. 32** (oben links): Shutterstock.m / smx12; **S. 32** (Mitte rechts): stock.adobe.com / jamdesign; **S. 33**: Shutterstock.com / kulyk; **S. 34**: stock.adobe.com / Aurelian; **S. 37**: Statista.com; **S. 45**: Cornelsen / VDL; **S. 51** (oben links): Shutterstock.com / Krisztian Tefner; **S. 51** (oben rechts): stock.adobe.com / Robert Kneschke; **S. 52**: Cornelsen / VDL; **S. 55** (oben rechts): stock.adobe.com / NDABCREATIVITY; **S. 55** (Mitte links): stock.adobe.com / Таня Микитюк; **S. 55** (unten rechts): stock.adobe.com / peopleimages.com / Yuri Arcurs; **S. 56** (unten rechts): Shutterstock.com / Srdjan Randjelovic; **S. 61** (oben rechts): stock.adobe.com / ZoomTeam; **S. 61** (Mitte rechts): Shutterstock.com / TORWAISTUDIO; **S. 61** (unten rechts): stock.adobe.com / Amit; **S. 68**: Shutterstock.com / Sergey kamenskykh; **S. 76**: Shutterstock.com / BongkarnGraphic; **S. 78**: Cornelsen / PER Medien und Marketing GmbH; **S. 80**: stock.adobe.com / StockPhotoPro; **S. 84** (oben rechts): Shutterstock.com / Rolf G Wackenberg; **S. 99** (oben rechts): Cornelsen / Joachim Gottwald; **S. 102** (unten): Cornelsen / vitaledesign; **S. 103** (Mitte): Cornelsen / vitaledesign; **S. 127** (Mitte): Cornelsen / vitaledesign; **S. 129** (Mitte, unten links, unten rechts): Cornelsen / vitaledesign; **S. 138** (oben, Mitte): Cornelsen / vitaledesign